Collection
**PROFIL
LES PRATIQUES DU BAC**
dirigée par Georges Décote

GW00457569

Le résumé
de texte

POL GAILLARD
agrégé de lettres
CLAUDE LAUNAY
agrégé de lettres

HATIER

Sommaire

© HATIER, PARIS, 1998   ISBN 2-218 72562-2

4. Choix de textes à résumer

Introduction

Si le résumé de texte s'est imposé peu à peu dans de nombreux examens et concours, ce n'est pas seulement pour son intérêt pratique - quel est le métier où l'on n'aura pas à prendre connaissance d'instructions ou de méthodes nouvelles, et à en transmettre la substance ? - c'est qu'il fait appel à des qualités fondamentales de l'esprit et permet de les bien juger.

Pour former à la lecture critique, pour apprendre à discerner l'essentiel de l'accessoire, l'influence réciproque du fond et du ton, l'importance, souvent, du moindre mot, toutes les nuances de notre langue ; pour habituer l'esprit, ensuite, à restituer exactement, mais dans des conditions nouvelles, le sens d'un texte ; bref, pour cultiver l'art difficile de bien saisir et de bien rendre, l'exercice du résumé s'imposait avec force et triomphait de toutes les résistances. Peu à peu il a été adopté partout.

Cet exercice présente d'ailleurs d'autres avantages sur l'intérêt desquels il n'est guère besoin d'insister. Il permet d'aborder à peu près sans exception tous les sujets, y compris les plus brûlants, et il oblige à le faire de façon réfléchie. L'on doit non seulement comprendre, mais *pénétrer* la pensée d'autrui pour bien la rendre. On ne l'attaquera que plus solidement aussitôt après, s'il y a lieu. Ayant essayé un moment de la faire sienne, d'examiner les arguments du même point de vue, d'étudier les mêmes « preuves » et les mêmes exemples, chacun se sera mis dans les conditions les meilleures pour une acceptation ou une réfutation intelligente, pour l'examen de ses propres positions. Le groupe sera en prise directe sur la vie, et c'est la vie même qui incitera les participants à une lucidité active, condition de tout choix sérieux.

Le résumé, enfin, permet aux examens une objectivité beaucoup plus grande de la notation. Alors que les dissertations ou les essais sont trop souvent jugés de façon extrêmement différente par des correcteurs différents, ce qui ne peut qu'incliner les élèves au scepticisme et les décourager, l'appréciation des qualités et des défauts, ici, tout en laissant encore sa place au goût personnel, est nécessairement beaucoup plus uniforme. Toute l'échelle des notes, d'ordinaire, peut être utilisée - et elle l'est effectivement, comme en témoignent chaque année les rapports des examinateurs aux

Grandes Écoles. Devenu véritablement le bien de tous et l'instrument premier du savoir comme de la réflexion, le français, grâce au résumé de texte, n'est plus dévalué comme autrefois par rapport aux sciences ou aux langues étrangères ; il concourt à sa place, comme elles et avec elles, à la formation et à la promotion communes.

Principes généraux [1]

1. Respectez les règles du jeu.

Dans la plupart des examens et concours, la longueur du résumé est fixée très nettement par les correcteurs. On vous indique, ou bien : *Résumez le texte suivant au quart, au sixième, au dixième de sa longueur,* ou bien : *Résumez le texte suivant en, par exemple, 150 mots au minimum, 180 mots au maximum,* ou encore : *Résumez le texte suivant en, par exemple, 400 mots environ* (on admet alors une marge de 10 % en plus ou en moins, c'est-à-dire que votre texte doit avoir entre 360 et 440 mots).

Ces consignes chiffrées sont impératives et leur violation est très sévèrement sanctionnée, surtout, cela se comprend, dans les concours, où les candidats, en concurrence les uns avec les autres, doivent être jugés à partir des mêmes exigences. Réduire ou dépasser le nombre de mots exigé, c'est commettre la même faute que de ne pas traiter exactement le sujet pour une dissertation, oublier ou fausser l'une des données dans un problème de mathématiques.

> « *Certains candidats semblent penser que la longueur imposée est une clause sans importance. Le texte devait être résumé ici, était-il demandé, en 200 mots environ ; certains résumés ont atteint 450. Il va de soi que l'épreuve n'a plus alors aucun sens et mérite une note à peu près nulle.* » (Concours commun d'admission aux Écoles supérieures des Travaux Publics, du Bâtiment, de Mécanique et Électricité, de Topographie ; rapport des correcteurs.)

Ne croyez pas qu'il soit possible de tricher. La définition du mot est celle de tous les dictionnaires et elle ne prête à aucune équivoque. On appelle *mot*, rappellent les correcteurs, « *tout ensemble de lettres qui se suivent, même si la syllabe finale est élidée, même s'il est relié à un autre mot par un trait d'union».* Ainsi, *main-d'œuvre* compte pour trois mots; *c'est-à-dire* pour quatre mots; *anticonstitutionnellement* pour un seul. Il n'y a aucune exception.

Bien entendu, vous n'avez pas pour cela, sauf si on vous le demande expressément[1], à compter un à un tous les mots du texte original ni tous les mots du vôtre. Vous faites ce compte exact uniquement pour les 10 ou 12 premières lignes imprimées, et il est facile de déduire ensuite le nombre de lignes de votre écriture auquel vous avez droit. Donnons un exemple. Le texte original comprend 134 mots dans ses 12 premières lignes, donc 11 mots par ligne en moyenne. Il comprend en tout 80 lignes, donc $80 \times 11 = 880$ mots, et je dois résumer, me prescrit-on, au $1/5^e$, c'est-à-dire en $880 : 5 = 176$ mots. Or une ligne normale de mon écriture d'examen, la plus lisible possible, comprend, par exemple 9 mots en moyenne. J'ai droit par conséquent, en ce cas à $176 : 9 = 19\text{-}20$ lignes de cette écriture.

2. Un résumé n'est pas un plan ni une prise de notes simplement remises en ordre. **Il doit être rédigé.** Clair, logique, bien enchaîné, il est écrit pour autrui et doit pouvoir être lu à haute voix sans aucune difficulté, immédiatement compréhensible à tous. Il peut donner le goût, certes, de connaître le texte original, mais il doit pouvoir en tenir lieu pour un lecteur pressé. S'il *oblige* à recourir à la source parce qu'il n'a pas été assez explicite, il perd tout intérêt.

« *On s'interdira, par conséquent, non seulement* le style télégraphique *et les notations schématiques, mais aussi l'emploi des parenthèses, des « etc. » et des points de suspension ; on construira correctement toutes les phrases* » (Concours d'admission à Supélec).

---

1. C'est le cas au Concours commun d'admission aux Écoles Nationales des Ponts et Chaussées, Mines, Aéronautique, Métallurgie, Télécommunications.

3. «Un résumé n'est pas un centon [1]», c'est-à-dire un habit rapiécé ou un costume d'Arlequin, composé de divers fragments empruntés au texte, une mosaïque de phrases ou d'expressions de l'auteur reproduites telles quelles. Il appartient au candidat de *prendre à son compte la pensée de l'auteur et de l'exprimer lui-même*... Ici encore l'inobservation de cette règle est, dans les concours, très sévèrement sanctionnée.

> «Le candidat ne saurait être autorisé à élaborer un simple montage de citations» (Baccalauréat, circulaire ministérielle adressée aux correcteurs). «Une solution de facilité consiste à juxtaposer les lambeaux du texte en les choisissant assez adroitement pour que le tout ait un sens acceptable; malgré le petit effort que nécessite ce choix, les candidats qui adoptent cette solution ne méritent pas la moyenne» (Concours d'admission à Polytechnique).

Il est d'ailleurs interdit, même dans un résumé, de reproduire textuellement une phrase ou un membre de phrase d'autrui sans le mettre entre guillemets... Mais attention, cela ne signifie absolument pas qu'il faille s'évertuer à n'employer aucun mot ni aucune expression du texte original. Une telle exigence serait absurde. Si l'auteur écrit bien, ses mots sont choisis avec soin, certaines expressions sont déjà d'une concision frappante. Leur chercher à tout prix des synonymes, et surtout recourir à des périphrases (dans un résumé!), ne pourrait aboutir qu'à un style artificiel, sans aucune pertinence, amphigourique, - et, bien entendu, à l'impossibilité de faire tenir le résumé dans les limites requises.

> *«Comment ne serait-on pas écrasé par l'immensité de la tâche qui consiste à résumer en 300 mots un texte de 7 pages quand, ayant à poser la question la plus simple du monde: «Que faire?», on se croit obligé d'écrire: «C'est alors que l'auteur définit la prise de position que l'homme doit, selon lui, adopter face à ce problème.» Pour être bref il faut d'abord être simple. Renvoyons ces candidats maladroits à La Bruyère: «Vous voulez m'apprendre qu'il pleut ou qu'il neige? Dites: il pleut, il neige.»*

---

1. Concours d'admission aux Écoles Nationales des Ponts et Chaussées, Mines, Aéronautique, Métallurgie, Télécommunications, rapport des correcteurs.

Tous les jurys d'examens de concours soulignent «la naïveté invraisemblable des candidats qui ont pu croire qu'on leur demandait de n'employer aucune expression ni aucun mot du texte. *Comment serait-ce possible?* Le résultat est une suite de faux sens et de contresens».

4. Un résumé n'est pas une réduction mécanique proportionnelle comme celle qu'on peut obtenir d'une figure au moyen d'un pantographe. **Il met en valeur l'essentiel.**

Ceci est peut-être l'erreur la plus fréquente commise par les candidats. Un grand nombre d'entre eux résume le texte paragraphe par paragraphe, s'imaginant que chaque partie de leur résumé doit être proportionnelle, pour le nombre de mots, à la partie correspondante du texte original. Ils font un sort à tous les exemples... Ils se condamnent ainsi, pour ce qui est de la pensée même, à mettre sur le même plan l'essentiel et l'accessoire, et, pour ce qui est de la forme, à ne donner en place d'un résumé qu'une juxtaposition de petits paragraphes dérisoires. Certains correcteurs usent d'une expression, vulgaire peut-être mais suggestive, pour désigner les copies de cette sorte, où chaque phrase est lâchée toute seule sur la feuille comme un déchet. Ce sont les textes «crottes de bique», et disent-ils, inutilisables. Tous soulignent la nécessité première d'obtenir un résumé clair et cohérent, hiérarchisé, centré sans hésitation sur l'essentiel.

5. Un résumé n'est pas un commentaire.

La première qualité d'un résumé, comme d'une version, c'est la fidélité au sens, la soumission la plus complète possible, pour un temps, à la pensée de l'auteur. Même si vous êtes personnellement d'une opinion opposée à la sienne, même si vous êtes certain qu'il pose mal le problème ou qu'il commet des erreurs de fait, vous n'avez **jamais,** *dans un résumé,* à faire état de vos objections ou de vos critiques. Pas plus d'ailleurs que de votre approbation ou admiration. Ce serait aussi absurde que d'introduire tout à coup vos propres commentaires dans la traduction d'une tirade de Shakespeare ou de Garcia Lorca. Vous apprécierez et vous jugerez après, si une discussion vous est demandée.

> « *Le résumé doit donner du texte proposé une image réduite et parfaitement objective : il ne doit rien contenir qui ne soit contenu dans celui-ci.* » (Concours commun d'admission aux Écoles Nationales des Ponts et Chaussées, Mines, Aéronautique, Métallurgie, Télécommunications).
> « *Tout commentaire, toute glose, même pour expliquer le texte ou le justifier, sont à déconseiller. Même exacts, même convaincants, des exemples étrangers au texte sont étrangers à l'épreuve. Les commentaires personnels sont déplacés* » (Concours d'admission à l'Institut National Agronomique, aux Écoles Nationales Supérieures agronomiques et à l'École Nationale Supérieure des Industries Agricoles et Alimentaires).

Il se peut, bien entendu, que certaines faiblesses du texte original deviennent plus frappantes dans le résumé, que la thèse apparaisse plus fragile. C'est normal étant donné la conclusion que vous avez dû obtenir. On ne vous propose pas toujours à cette épreuve de français des textes irréfutables !... Mais lorsque vous les résumez, vous n'avez pas plus à corriger, estomper, ou passer sous silence les passages peu convaincants qu'à les mettre spécialement en relief si l'auteur ne l'a pas fait lui-même. La nature de l'exercice demande une compréhension exacte, donc la plus objective possible.

6. Un résumé n'est pas une analyse.

« Le résumé respecte l'ordre adopté par l'auteur, tandis que l'analyse dégage les pensées ou les sentiments en soulignant leur importance relative, sans s'obliger à suivre le fil du développement. »

Dans certains examens, le candidat opte, à son gré, pour le résumé ou pour l'analyse, mais il doit toujours préciser *de façon très apparente*, en tête de sa copie, lequel de ces deux modes

11

d'expression il choisit. Cette consigne impérative n'est pas commandée seulement par les nécessités matérielles de l'examen (les copies de résumé et les copies d'analyse sont la plupart du temps séparées par les examinateurs et corrigées indépendamment les unes des autres), elle se justifie surtout par l'intérêt des candidats eux-mêmes. Un mélange d'analyse et de résumé donne toujours de mauvais résultats. Il est donc proscrit. Le résumé n'est pas plus difficile que l'analyse, ni corrigé plus sévèrement, mais les deux exercices sont de conception tout à fait différente.

On doit s'interdire radicalement, **dans le résumé**, les inutiles présentations : « L'auteur expose que… L'auteur s'arrête ici pour nous montrer que… Selon M. Un Tel il est facile de voir que…, etc. » Par loi du genre, le résumé se substitue au texte. Le candidat dit « je » si l'auteur dit « je » et il n'a pas, à proprement parler, à « introduire » ou à « conclure » lui-même le texte, puisque celui-ci, dans le cas où il forme un tout, comporte déjà ses propres introduction et conclusion qui vont devoir être résumées. L'on s'épargnera ainsi, d'ailleurs, le recours presque toujours fâcheux au style indirect… Mais le candidat devra veiller d'autant plus soigneusement, bien entendu, à donner en tête de sa copie l'indication : *Résumé d'un texte de…*, ainsi que *le titre et la référence exacte* s'ils lui ont été indiqués.

Pour *l'analyse*, le candidat n'a plus à se substituer à l'auteur, il explique l'auteur. L'analyse vise à dégager la structure logique du texte. Elle met en évidence l'idée principale. Elle identifie les idées secondaires et montre avec précision les rapports que celles-ci entretiennent avec l'idée principale et entre elles (argumentation, illustration, atténuation, réfutation des thèses adverses). Elle n'hésite pas à s'écarter de l'ordre linéaire des énoncés pour reconstituer l'organisation interne de la pensée. S'il en est besoin, le candidat évoque à la troisième personne les démarches de l'auteur dont il éclaire les intentions.

Dans l'analyse, donc, au contraire du résumé, le candidat parle en son nom propre. Il doit d'abord, bien entendu, éclaircir le texte, montrer les raisons de l'auteur, mais il a le droit de faire des remarques personnelles ou de citer quelques applications supplémentaires si celles-ci aident à comprendre ; il a même le droit, s'il le veut, de donner sa propre opinion à condition qu'elle ne puisse jamais être confondue avec celles de l'auteur.

7. Un résumé doit être clair, bien rédigé, de style aisé et ferme.

Il arrive fréquemment, dans bien des carrières, que l'on ait à prendre connaissance et à rendre compte de textes fort intéressants pour le fond, défectueux pour la forme. Il va de soi, s'il vous en est donné de tels à vos examens ou concours (cela est rare), que vous n'avez pas à les résumer en un français lâche et fautif. Pour ce qui est des beaux textes au contraire, de style très personnel ou comportant par exemple beaucoup d'images, on vous saura toujours gré bien entendu d'un résumé fidèle au ton en même temps qu'au fond, mais sachez qu'on ne vous impose nullement une « imitation » si vous ne vous en sentez pas capable, encore moins un « pastiche ». Les fautes de goût, ici, ne pardonnent guère.

> « *Écrire dans une langue correcte et ne chercher à donner un reflet du style de l'auteur que si l'on se sent tout à fait sûr de soi* » (Instructions aux correcteurs et rapports de correction).

> « *Le résumé s'est trouvé alourdi, ici*[1], *par ces images de Paul Valéry qu'on a cru devoir reproduire coûte que coûte, au détriment au fond de la pensée. Certains candidats ont été plus loin : ils ont inventé des images pour illustrer tel ou tel passage qui n'en comportait pas, ou ils ont modifié les images de l'auteur. De pareilles tentatives, absolument déplacées dans une épreuve de résumé, ont, en outre, fait apparaître une très grande maladresse dans l'emploi du style imagé. Elles ont abouti, de façon presque régulière, à des expressions inintelligibles ou ridicules... Nous conseillons donc aux candidats de ne pas reproduire les images du texte, sauf dans les cas assez rares où la complaisance que met l'auteur à s'étendre sur un symbole donne à celui-ci une valeur particulière* » (Concours d'admission à l'École Polytechnique).

On l'a compris par ces dernières remarques, le résumé, comme la traduction, peut devenir un art. Celui qui a parfaitement lu un très beau texte en demeure souvent comme imprégné, découvrant en soi, pourrait-on dire, les propres qualités de l'auteur, devenant capable de les mettre en œuvre. *Un bon résumé, en tout cas, doit*

---

1. Pour le texte « Poésie et pensée abstraite », cité p. 154.

s'efforcer d'être une re-création. Tous les correcteurs sans exception insistent sur la nécessité absolue pour le candidat de « *repenser* » le texte, de le *mesurer* et de *se mesurer* à lui, au sens le plus précis comme le plus large des deux expressions, de *discerner* l'importance relative des éléments, de *choisir* ceux qu'il faut sacrifier pour mettre en relief ceux qui doivent apparaître en pleine lumière, d'*exprimer* enfin, le plus exactement possible, ce qu'ils ont compris. L'épreuve du résumé ne fait pas appel sans doute à l'imagination, mais c'est un des exercices les plus aptes à faire reconnaître l'intelligence. On s'apercevra facilement par ce petit livre, nous l'espérons, que c'est aussi l'un des meilleurs moyens pour la cultiver.

Méthode pratique 2

On n'apprend pas à faire un résumé comme on apprend la dactylographie ou des conjugaisons de verbes irréguliers. Il faut même vous défier beaucoup ici des procédés trop mécaniques.

L'expérience prouve qu'il peut être fort nuisible de souligner dès la première lecture un certain nombre de mots jugés importants, d'entourer certaines phrases au crayon rouge, de multiplier les indications de parties ou de liaisons, etc... Ces marques trop rapides risquent de vous gêner beaucoup plus que de vous aider. Si elles ont été portées à tort, elles peuvent vous masquer à vos lectures suivantes des données essentielles dont vous n'aviez pas encore reconnu la valeur. Si elles sont justes, elles vous lieront plus que vous ne le pensez au moment de la rédaction proprement dite et vous serez enclin à recopier des termes au lieu d'exprimer une pensée.

C'est pourquoi il vaut beaucoup mieux, à notre avis, lire d'abord deux ou trois fois le texte proposé avec beaucoup d'attention, - et en le prononçant pour vous-même à voix basse si vous le pouvez, - mais sans souligner quoi que ce soit ni prendre aucune note. Ensuite, et après avoir retourné le texte pour ne pas être tenté de le regarder, réfléchissez et essayez une première fois de vous exprimer à vous-même son idée directrice, son point de départ, son enchaînement logique, sa conclusion, son intérêt. Griffonnez cela sur votre brouillon si vous voulez, mais plutôt pour vous aider dans votre effort que comme un premier jet de rédaction. Peut-être ne relirez-vous même pas ces notes informes, mais ce travail de réflexion important vous aura facilité une nouvelle lecture du texte.

Cette fois, si vous voulez, soulignez, non pas forcément les mots ou les groupes de mots essentiels que vous ne risquez plus

15

d'oublier, mais des mots importants, quoique peut-être non aperçus tout de suite, *les mots qui vous rappellent les idées à ne pas omettre.* Ne soulignez pas de phrases ou de parties de phrases entières; ici encore elles risquent de vous obséder pour la rédaction. Rappelez-vous qu'il est nettement déconseillé par la plupart des jurys de les employer telles quelles, même entre guillemets. Vous ne pouvez le faire, - une ou deux fois par résumé selon la longueur, - que si une phrase ou une expression vous paraît tellement caractéristique du texte et de l'auteur, tellement indispensable et irremplaçable, que vous décidez, en toute connaissance de cause, de la garder. Dans ce cas, bien entendu, entourez-la et mettez-la entre guillemets immédiatement : vous la retrouverez plus facilement lorsque vous en aurez besoin.

• Ensuite, **posez-vous les questions suivantes,** simples, on pourrait presque dire simplistes, mais fondamentales, toujours très éclairantes :

De quoi traite ce texte ? *De quoi s'agit-il exactement ?*

Pourquoi a-t-il été écrit ? Qu'est-ce que l'auteur veut me faire comprendre ? Sur quoi insiste-t-il avant tout ?

Le titre (si un titre m'est donné) correspond-il bien à ce que j'ai compris ? Est-ce que ce titre m'étonne lorsque je le retrouve en tête du texte après ma première lecture ? Est-ce que c'est celui que j'aurais choisi ?... S'il n'y a pas de titre, demandez-vous toujours quel est celui que vous auriez donné vous-même, cela aide à bien discerner et mettre en valeur l'essentiel. Mais ne mettez ce titre de vous que si on vous le demande car choisir un bon titre est quelquefois difficile, et une erreur sur ce point vous serait nettement reprochée.

• Bien sûr, **si le texte à résumer est long,** établissez son plan avec netteté (sur votre brouillon plutôt que sur le texte), séparez distinctement les grandes parties, et surtout notez avec soin la façon dont elles s'enchaînent... Cet enchaînement n'est pas forcément logique (ce sont parfois des sentiments, des exemples, des images qui assurent les liaisons), mais de toute façon il est pour vous capital. Vous ne pouvez pas repenser véritablement le texte si vous ne repensez pas en même temps la façon dont il va son chemin, - sa «coulée».

● **Si le texte à résumer est bref,** ou si vous en avez bien retenu tous les enchaînements, il n'est pas indispensable d'en établir le plan sur votre brouillon. *Commencez à rédiger tout de suite,* car cette rédaction vous posera chaque fois des problèmes spéciaux pour lesquels il n'est pas possible, en fait, de donner des conseils d'ensemble qui soient réellement efficaces. La seule façon d'apprendre à bien faire des résumés, c'est d'en faire beaucoup et de les corriger très attentivement, en confrontant dans le détail, toutes les fois qu'on le peut, le texte auquel on a abouti soi-même avec celui qu'ont obtenu divers camarades... On sera stupéfait de la différence souvent extrêmement sensible des solutions adoptées pour rendre compte des mêmes données, et les discussions qui surgiront alors entre élèves, ou bien, en classe, entre élèves et professeurs, pour mettre au point la version la plus exacte et la plus forte, seront toujours, pour peu qu'elles soient menées par petits groupes assez homogènes et ne se prolongent pas trop, extrêmement fructueuses. Comparer ce que chacun a compris aide toujours à mieux comprendre, mettre en face l'une de l'autre deux rédactions possibles incite toujours à mieux rédiger.

Ici même, pour les exercices commentés, nous citons toujours d'abord le texte nu, sans mots soulignés ou mis en relief, sans conseils, sans explications, exactement comme il est donné aux examens et concours. Que chaque élève, avant d'aller plus loin, s'essaie à le résumer de son mieux, selon les règles indiquées et dans les limites prescrites ; puis, *seulement après,* qu'il reprenne son livre pour y trouver, avec les réflexions appelées par chaque texte particulier, un ou plusieurs exemples des résumés que d'autres ont pu faire, tantôt mal et tantôt moins mal, tantôt médiocrement et tantôt de façon vraiment excellente Les éclaircissements donnés prendront alors leur valeur pratique et nous croyons que le candidat, souvent, se remettra de lui-même à son propre résumé, non seulement pour en corriger les fautes, mais pour le réécrire, - l'améliorant souvent de façon saisissante.

Pour bien faire acquérir la méthode - et la confiance en soi indispensable -, nous commencerons par des textes très brefs mais non pas élémentaires, présentant déjà quelques difficultés pour celui qui cherche à les résumer en quelques lignes. Nous proposerons ensuite des textes plus faciles peut-être mais plus longs, formant déjà un véritable exposé, de manière à faire saisir la nécessité du plan. Et nous nous obligerons enfin à dominer des étendues plus vastes, où d'abord le regard pouvait se perdre... Résumer pose toujours des problèmes, mais l'on peut trouver à les résoudre, croyons-nous, non seulement le succès aux examens, mais de véritables joies intellectuelles. L'exacte compréhension d'autrui est une garantie contre l'aliénation, une nécessité pour la vie commune comme pour le bonheur, une exigence de l'action efficace. Elle est indispensable à des hommes libres.

Exercices progressifs $\boxed{3}$

Examen de chaque texte et mise au point du résumé.

CHARLES PÉGUY

La misère

(Ce texte est à résumer au quart, c'est-à-dire en 40 mots environ.)

Par la fraternité nous sommes tenus d'arracher à la misère nos frères les hommes ; c'est un devoir préalable ; au contraire le devoir d'égalité est un devoir beaucoup moins pressant ; autant il est passionnant, inquiétant de savoir qu'il
5 y a encore des hommes dans la misère, autant il m'est égal de savoir si, hors de la misère, les hommes ont des morceaux plus ou moins grands de fortune ; je ne puis parvenir à me passionner pour la question célèbre de savoir à qui reviendront, dans la cité future, les bouteilles de champagne, les
10 chevaux rares, les châteaux de la vallée de la Loire ; j'espère qu'on s'arrangera toujours ; pourvu qu'il y ait vraiment une cité, c'est-à-dire pourvu qu'il n'y ait aucun homme qui soit banni de la cité, tenu en exil dans la misère économique, tenu dans l'exil économique, peu importe que tel ou tel ait
15 telle ou telle situation.

De Jean Coste, Gallimard.

ÉTUDE DU TEXTE
élaboration et examen critique de deux résumés

A la première lecture rapide je peux être tenté de croire que l'idée *« la fraternité prime l'égalité »* est la plus importante et pratiquement la seule à dégager. Mais le titre qu'on m'a donné pour le texte est *« La misère »*. Et je remarque, en le relisant lentement pour recenser les points à ne pas omettre, que ce mot *« misère »* figure dès la seconde ligne, et qu'il revient ensuite à trois reprises. La troisième fois, il est précisé par un adjectif, et l'expression *« misère économique »* est elle-même répétée et explicitée presque aussitôt dans les mêmes termes, à la façon habituelle de Péguy, par les membres de phrase suivants : *« Qu'aucun homme ne soit tenu en exil dans la misère économique (dans,* préposition ici beaucoup plus significative que *par), qu'aucun homme ne soit tenu,* maintenu, *dans l'exil économique.* Je remarque que le mot « cité » est également répété : la cité des hommes doit être une cité où *tous* les hommes, inégaux peut-être, doivent pouvoir demeurer des hommes. Des frères peuvent n'avoir pas tous la même situation, mais ils restent frères. Donc la fraternité, en effet, prime l'égalité, et ce devoir premier nous oblige à supprimer la misère. Je n'ai le droit d'omettre dans mes mots aucune des deux idées.

Je les ai d'ailleurs toutes les deux si bien *dans ma tête* maintenant que je peux essayer de résumer tout de suite *sans regarder le texte original* (pour ne pas être tenté de le reprendre trop littéralement, ce qui me conduirait forcément à être trop long). J'obtiens cette première rédaction :

LA MISÈRE

Résumé d'un paragraphe de Péguy extrait de son ouvrage :
De Jean Coste

La misère exile l'homme à l'intérieur même de la société des hommes. Que personne donc parmi nous ne puisse être misérable, tel est le premier devoir, celui de la fraternité. L'égalité importe beaucoup moins (37 mots).

Je relis maintenant Péguy et je me relis. Pourrait-on m'accuser de modifier l'ordre du texte ? Je ne crois pas. Le paragraphe de Péguy ne comprenait pas plusieurs parties ; il formait un tout, les trois premières lignes étant reprises et explicitées dans les dix suivantes. Je ne peux me permettre, moi, de procéder ainsi dans un résumé de quatre lignes ; je dois expliquer en même temps que j'énonce, donc mettre en valeur immédiatement la liaison des deux idées : *La misère exclut la fraternité, la fraternité doit exclure la misère...* Tiens, ces formules ne sont pas mauvaises, et elles sont courtes. Ne pourrais-je les adopter ? Peut-être. Mais seront-elles assez claires pour un lecteur qui les lirait de but en blanc ? Ce n'est pas sûr. La première présente même, à la réflexion, un double sens : on pourrait croire que la misère empêche les misérables d'être fraternels entre eux. De plus j'aurais du mal ensuite à introduire «l'égalité, devoir moins pressant». Après deux formules bien balancées, cela ferait bien faible. Je conserve donc provisoirement mon texte de tout à l'heure.

Je me relis encore une fois. Mon «égalité» toute nue, à la fin de ma phrase, m'inquiète un peu. Dans la fameuse devise «Liberté, Égalité, Fraternité», n'est-ce pas de l'égalité *des droits, des droits de l'homme,* dont il s'agit avant tout ? Or cette égalité des droits, Péguy ne minorise en aucune façon son importance, me semble-t-il ; des frères ont les mêmes droits. Le texte est formel : Péguy ne déclare son peu d'intérêt que pour l'égalité des revenus, des situations, du superflu !... Il me faut donc ajouter cette précision dans mon résumé pour qu'il n'y ait aucune ambiguïté. Heureusement j'ai encore droit à 7 mots. (Nombre maximum permis : $40 + 10\% = 44$ mots.)

> La misère exile l'homme à l'intérieur même de la société des hommes. Que personne donc parmi nous ne puisse être misérable, tel est le premier devoir, celui de la fraternité. L'égalité des revenus ou des situations importe beaucoup moins (42 mots).

Ce texte est convenable, mais il est légèrement ambigu dans la 2ᵉ phrase, il manque de nerf, et les liaisons n'apparaissent pas avec une force suffisante. Je m'en aperçois tout de suite si je compare avec ce qu'a trouvé l'un de mes camarades.

C'est la fraternité, non l'égalité, qui est le premier devoir, car la différence des conditions importe finalement assez peu, tandis que la misère, elle, dégrade l'homme, l'exile, l'exclut. Supprimons d'abord la misère (37 mots).

Mon camarade a fait les mêmes réflexions que moi mais il a gardé davantage l'idée première présente à l'esprit et il a commencé par elle sans hésiter, de façon abrupte même, car cela l'obligeait à donner aussitôt après, de son affirmation paradoxale, la raison, c'est-à-dire le caractère déshumanisant de la misère. Il n'a pas oublié de préciser que l'égalité visée était celle des conditions, non des droits, mais c'est sur la misère qu'il insiste et c'est sur elle qu'il termine, par une invitation à l'action. Son texte, incontestablement, est meilleur et plus efficace.

ALEXIS DE TOCQUEVILLE

Texte sans titre

(Ce texte est à résumer au cinquième.)

Jamais le court espace de soixante années ne renfermera toute l'imagination de l'homme; les joies incomplètes de ce monde ne suffiront jamais à son cœur. Seul entre tous les êtres, l'homme montre un dégoût naturel pour l'existence et
5 un désir immense d'exister : il méprise la vie et craint le néant. Ces différents instincts poussent sans cesse son âme vers la contemplation d'un autre monde, et c'est la religion qui l'y conduit. La religion n'est donc qu'une forme particulière de l'espérance, et elle est aussi naturelle au cœur
10 humain que l'espérance elle-même. C'est par une espèce d'aberration de l'intelligence, et à l'aide d'une sorte de violence morale exercée sur leur propre nature, que les hommes s'éloignent des croyances religieuses; une pente invincible les y ramène. L'incrédulité est un accident; la foi
15 seule est l'état permanent de l'humanité.

En ne considérant les religions que sous un point de vue purement humain, on peut donc dire que toutes les religions puisent dans l'homme lui-même un élément de force qui ne saurait jamais leur manquer, parce qu'il tient à l'un des principes
20 cipes constitutifs de la nature humaine.

De la démocratie en Amérique.

Confrontation de cinq résumés

Nous confronterons et annoterons ici 5 résumés. Simplement nous ne répèterons pas pour chacun les indications qui doivent obligatoirement être données, en tête, rappelons-le, même pour un texte sans titre : le nom de l'auteur, la référence telle qu'on la connaît, l'indication qu'il s'agit d'un résumé.

Résumé d'un court passage de Tocqueville extrait de son livre : *De la Démocratie en Amérique.*

A. L'homme, tendu vers la vie et vers la mort, dépasse son temps et son espace. Temps, espace, vie et mort sont résolus par la foi, qui est la nature même de l'homme.

Formules nerveuses, mais trop voulues, abstraites, et surtout, dès qu'on les analyse un peu, obscures, - alors que le texte de Tocqueville était parfaitement clair. La première phrase devrait au moins préciser : «dépasse *par l'imagination*», et le mot «résolus» dans la seconde phrase est très mal choisi : que signifient un temps, un espace «résolus»?... Erreur plus grave, la pensée de Tocqueville est «interprétée». Parlant d'un point de vue purement humain (ligne 16), Tocqueville présente la religion comme une forme de l'espérance humaine : l'espoir dans une autre vie (lignes 6, 7, 8). Il n'affirme aucunement, en tout cas dans notre texte, que cet espoir sera réellement comblé. Très probablement, il l'*espère* lui aussi, il le *croit,* puisqu'il nous présente cet espoir comme instinctif et qu'il appelle l'incrédulité une aberration de l'intelligence, mais il ne va pas plus loin ; *toutes* les religions puisent leur force dans une insatisfaction profonde de l'homme qui crée en lui un espoir non moins profond, constate-t-il seulement. Le candidat n'a pas le droit de lui faire dire davantage que ce qu'il dit.

B. «L'homme est un dieu tombé qui se souvient des cieux»; un peu de science l'éloigne de ce souvenir, mais cette science, toujours insatisfaisante, l'y ramène car l'aspiration vers l'infini est inscrite dans la nature humaine.

Pourquoi citer un vers de Lamartine, alors qu'il s'agit de résumer des réflexions de Tocqueville? Ce vers d'ailleurs exprime une idée tout à fait étrangère au texte : Tocqueville ne dit pas que l'homme ait connu jadis une vie meilleure que celle-ci, un paradis terrestre ou céleste ; il constate que l'homme, dans cette vie-ci, est insatisfait et que cela lui en fait espérer une autre. C'est tout. D'autre part, il dit que c'est notre *imagination,* notre *cœur* qui sont insatisfaits. L'auteur du résumé ne les évoque ni l'un ni l'autre, et il parle de la science dont Tocqueville ne parle pas. Il n'a pas *lu* avec suffisamment d'attention le texte original.

> **C.** La vie de l'homme est trop courte ; son désir d'exister le pousse à croire à une prolongation de la vie au-delà de la mort, à travers la religion, qui est donc nécessaire. S'en éloigner n'est pas naturel, mais représente quelque chose de
> 5 forcé. La foi est universelle, l'incrédulité seulement temporaire. Les religions ont de solides bases en l'homme, car elles représentent l'espérance qui est propre à tout être humain (77 mots).

Résumé nettement trop long, presque double de ce qui était demandé. L'auteur a discerné peut-être les deux idées essentielles, mais il ne les a pas véritablement « choisies » ; il les a laissées sur le même plan que les autres, se contentant parfois de les juxtaposer. D'autre part le style est très incertain : dans la deuxième phrase, « à travers la religion » se rattache très mal au verbe « croire » ; quatre expressions qui se suivent commencent par la même préposition ou presque : « *à* croire », « *à* une prolongation », « *au-delà de* la mort », « *à* travers la religion ». Dans la quatrième phrase, « temporaire » est opposé sans rigueur à « universelle ». La cinquième phrase, bien meilleure, offrait au candidat la possibilité d'une synthèse heureuse, mais il n'a pas su la préciser et l'étoffer en supprimant tout ce qui précédait.

> **D.** Aucune vie terrestre ne peut combler l'imagination et le cœur de l'homme, dissiper sa crainte du néant. Toutes les religions puisent leur force dans cette insatisfaction fondamentale, et dans l'espoir instinctif en un autre monde que
> 5 celle-ci provoque en nous (44 mots).

Bon résumé, incomplet pourtant. Faute de place, une idée de Tocqueville, non essentielle, mais importante, a été omise, celle des lignes 10 à 15.

24

E. Toutes les religions sont fondées sur l'espoir instinctif de l'homme en une autre vie qui comblerait enfin son imagination et son cœur insatisfaits ici-bas. L'incrédulité demande toujours une sorte de violence sur soi, la foi corres-
⁵pond à la nature (43 mots).

Résumé précis, concis, extrêmement net. «La crainte du néant» n'est pas exprimée en propres termes mais elle est comme incluse dans la première phrase et le candidat garde la place d'exprimer l'idée de Tocqueville qui ne figurait pas dans le résumé précédent. Son tort serait peut-être de conclure sur elle, alors qu'elle n'était pas l'idée dominante. Néanmoins ce résumé mérite incontestablement une note très élevée, sinon la note maxima.

M. TUBIANA

Le refus du réel

(Ce texte est à résumer en 60 mots.)

L'œuvre des médecins qui, entre 1930 et 1960, ont été les pionniers de la médecine scientifique, a été d'aller chercher les faits derrière les apparences et les interprétations gratuites. Ils n'ont pu le faire qu'en se débarrassant des
⁵idées préconçues et en appliquant à l'étude des maladies la méthode scientifique. Des succès équivalents ont été obtenus dans les autres domaines où cette méthode a été appliquée, mais cette évidence, qui éclate dans tous les aspects de notre existence, n'a pas modifié les mentalités.
¹⁰ Jamais la science n'a joué un tel rôle dans la vie quotidienne et pris une place aussi grande dans l'éducation. Jamais les qualificatifs de sérieux, de lucide, n'ont été autant à la mode. Jamais enfin on n'a autant invoqué la logique et les données statistiques dans la conduite des affaires
¹⁵publiques et privées. Malgré cela le décalage est frappant

entre la rigueur du raisonnement scientifique et la facilité avec laquelle nos penseurs et nos hommes d'action émettent des jugements, ou prennent des décisions, sur des informations partielles ou approximatives. A notre époque, apparemment douée d'un sens critique aigu, chacun remet tout en question, à l'exception de ses propres jugements. «Le bon sens est la chose du monde la mieux partagée, car chacun pense en être si bien pourvu que ceux mêmes qui sont les plus difficiles à contenter en toute chose, n'ont point coutume d'en désirer plus qu'ils en ont...», disait déjà Descartes.

Cette incapacité, ou ce refus de voir le réel dès qu'il est contraire à nos sentiments, aboutit à des comportements illogiques ou dangereux, par exemple dans le domaine sanitaire. Mais cet aveuglement n'est pas fortuit, il mérite donc qu'on tente de le comprendre. Je prendrai pour exemples trois mythes auxquels je me heurte constamment dans ma vie quotidienne et qui me sont, pour cette raison, plus faciles à analyser. La hantise du cancer et la vogue des guérisseurs ont des conséquences sanitaires sérieuses, quoique de nature très différente. Les mythes alimentaires paraissent plus anodins mais témoignent d'une focalisation sur de faux problèmes qui est révélatrice des fantasmes actuels.

Le refus du réel, R. Laffont, 1977.

La structure de ce texte est claire : elle met en relief une contradiction selon laquelle l'efficacité de la méthode scientifique, à laquelle on doit les progrès de la médecine du XXe siècle, n'a eu aucune influence sur la réflexion et l'action dans la société.

Le vocabulaire ne comporte pas de difficultés et prête à une recherche de termes synthétiques : lignes 3 et 4 par exemple, il nous faut trouver un mot qui exprime la notion commune aux trois termes d'*apparences*, d'*interprétations gratuites* et d'*idées préconçues;* «préjugés», «opinions», «illusions», «spéculations» peuvent convenir. La contradiction est exprimée dans le deuxième paragraphe, mais amorcée dès la dernière ligne du précédent. Il est donc normal de centrer le résumé sur celui-là, sans tenir compte du développement en trois parties.

Résumé d'un court passage de M. Tubiana extrait de son livre : *Le refus du réel.*

A. Au XXe siècle, c'est la médecine surtout qui doit ses progrès à l'application de la méthode scientifique : elle dissipe les erreurs d'interprétation, mais reste sans effet sur les comportements. La science marque notre société, elle représente un modèle intellectuel et pourtant les choix essentiels dépendent de spéculations peu fondées. Car, si on aime la critique aveugle, le manque de bon sens ne semble pas être un défaut, Descartes l'avait remarqué. Refuser la réalité désagréable entraîne de fâcheuses erreurs médicales. Cet aveuglement tient à des mythes nés de la crainte - (cancer-guérisseurs) - et des modes diététiques : ils révèlent nos fantasmes.

Ce résumé n'est pas inexact. Mais il manque de clarté par un trop grand souci de l'articulation du raisonnement qui en émousse la vigueur. Réfléchissons, après une nouvelle lecture du texte : le point important c'est l'efficacité de la méthode scientifique, c'est-à-dire d'une méthode rationnelle (réflexion logique, prise en compte de l'expérience, refus des préjugés, bon sens).

Le second point, c'est l'inobservance de cette méthode rigoureuse dans la conduite de la vie (santé, morale, politique) au profit de réactions purement émotives qui nous replongent dans l'irrationnel.

Cette mise au point effectuée (qui permet une recherche de vocabulaire), l'idée-force du texte doit apparaître dans mon nouveau résumé :

B. La méthode rationnelle a permis une connaissance positive, condition des progrès de la médecine scientifique au XXe siècle.

Mais, si la science est l'objet d'une engouement général, sa rigueur ne s'applique pas aux choix existentiels qu'inspirent des spéculations irréalistes. La mode est à la critique systématique et pourtant les fautes de bon sens ne nous choquent pas. Descartes l'avait déjà remarqué. Il faut donc comprendre cet aveuglement aux conséquences néfastes en matière de santé, car il engendre des mythes trompeurs qui n'expriment que nos obsessions.

Cette fois la pensée est plus concentrée et pourtant plus claire. Reste encore un défaut : le résumé apparaît un peu trop long, si l'on veut réduire au cinquième ce texte, comme il est ici demandé de le faire.

Dernier essai :

C. La connaissance rationnelle a dissipé les illusions et permis les découvertes médicales modernes. Cependant l'engouement général pour la science ne met pas fin aux spéculations aventureuses. Et la critique systématique l'emporte sur le souci du bon sens prôné par Descartes. Analysons donc cet aveuglement, désastreux en matière de santé, et générateur de mythes qui n'expriment que nos obsessions.

Nous obtenons une soixantaine de mots pour un texte initial de 364; concentrer encore plus rendrait le texte incompréhensible. Une seule phrase peut suffire à transmettre l'idée d'un long discours, c'est vrai. Mais retenons bien que l'idée est ce qui reste du mouvement d'une pensée s'efforçant à la clarté : le résumé doit donc rappeler, en le schématisant, ce mouvement de genèse qui impose sa structure au texte.

JEAN PAULHAN

La démocratie fait appel au premier venu (1939)

(Ce texte est à résumer en 110 mots.)

Ce n'est pas l'effet le moins curieux des fascismes triomphants que l'inquiétude où ils peuvent jeter une démocratie éblouie de tant de succès, vaguement jalouse, toute prête à mettre de l'eau dans son vin populaire et déjà convaincue
5 qu'elle a péché par excès de démocratie. Mais je croirais volontiers qu'elle péchait par défaut. Si je tente de réduire la démocratie à ses traits essentiels, voici ce que je trouve :

C'est d'abord que l'individu vaut mieux que l'État; c'est que la société est faite pour l'homme, non l'homme pour la
10 société. Il ne manque pas de sociologues pour croire que les nations ont une âme. Il ne manque pas d'unanimistes pour admettre que chaque groupe est un dieu; ni de politiques réalistes pour tenir que le faisceau seul est moral, juste, puissant. Mais la démocratie a été inventée contre les
15 sociologues, contre les politiciens réalistes, et même contre l'unanimisme[1]. Quelle que soit la raison de notre existence - ce qu'il nous peut arriver de merveilleux, ce qui nous donne droit à la vie, et parfois à la mort -, la démocratie sait du moins *où* se place la raison, *où* se passe l'événement. En bref,
20 elle se donne la personne, et la personne lui suffit. C'est le premier point.

Il s'agit de *n'importe quelle* personne, fût-elle de peau noire ou rouge, c'est le second point. Fût-elle infirme, ivrogne, perfide. Car la démocratie ne s'oppose pas moins
25 au racisme qu'aux régimes totalitaires. Elle prétend qu'il existe une étrange qualité de l'homme, telle que l'homme ne la puisse jamais tout entière rejeter (fût-ce au bagne). La Déclaration des Droits dit que les hommes naissent égaux - ce qu'il est aisé d'admettre. Elle ajoute qu'ils le *demeurent,*
30 ce qui est bien plus singulier. Mais la singularité fait *aussi* partie de la doctrine. La démocratie a son mystère comme une religion; et son secret, comme une poésie.

Voici le dernier aspect de ce secret : c'est que l'homme vaut par ce qu'il a de naturel, d'immédiat, de naïf, plutôt
35 que par ce qu'il acquiert. Un grand savant a du mérite :

---

1. Groupe d'écrivains du début du siècle se donnant pour but d'exprimer la vie collective plus que l'histoire d'individus (J. Romains, G. Duhamel, etc.)

mais un homme tout court est plus précieux et même plus extraordinaire qu'un grand savant. Si l'on veut faire un pont, un château ou un journal, on sera content de trouver un architecte, un ingénieur, un journaliste. Mais pour faire
40 une nation, il faut s'adresser d'abord à l'homme qui n'est ni journaliste ni architecte. A l'homme de la rue, qui peut tout aussi bien être terrassier ou marchand des quatre-saisons, ou rien du tout. La démocratie fait appel contre les aristocrates - et spécialement contre les aristocrates de
45 l'intelligence - au *premier venu*. Et l'on en voit bien la raison : c'est que le premier venu est demeuré près de l'essentiel. Un linguiste peut passer toute sa vie à rechercher l'origine du langage (il a tort). Un architecte peut être poursuivi jusque dans ses rêves par la hantise d'une salle de
50 concerts où l'on entende bien les concerts. Mais l'homme de la rue n'a pour lui que les joies et les peines et les accidents communs (et l'accident, en particulier, dont il a été question plus haut). Il faut qu'il s'en contente. Il faut qu'il en soit comblé.

Œuvres t. V. Gallimard.

PRÉSENTATION DU TEXTE

Pour mieux comprendre les textes proposés à l'examen, il faut tenir compte de la date de publication qui est indiquée la plupart du temps. Les textes à résumer sont extraits d'essais, de conférences, d'articles de revues ou de journaux : tous écrits nés de circonstances précises et qui se réfèrent à des préoccupations contemporaines, à des thèmes importants de la réflexion moderne.

On ne peut donc imaginer meilleure préparation au résumé que la lecture des essayistes du XVIIIᵉ siècle à nos jours.

Jean Paulhan (1884-1968) a écrit son texte en 1939 : on comprend son inquiétude devant la mauvaise conscience des partisans de la démocratie impressionnés par le triomphe du fascisme en Europe. Aussi l'écrivain remplit-il sa fonction en définissant les notions clés que nous utilisons sans nous soucier bien souvent de préciser leur signification.

Il s'agit donc ici d'une véritable définition de l'esprit qui inspire la démocratie et qui lui donne son sens. L'auteur distingue trois points dans sa thèse : l'individu constitue la valeur fondamentale et l'État est secondaire car il ne peut être une fin en soi. Cet homme est considéré hors de toute discrimination sociale. Enfin, cette personne ne vaut pas par ses mérites acquis, mais par sa simple nature d'être humain dont les exigences premières sont incontestables. Ainsi le principe moral de la démocratie affirme la qualité humaine égale chez tous les individus.

Résumé du texte de Jean Paulhan

Ce qui étonne dans la démocratie c'est la mauvaise conscience qui l'empêche de s'affirmer contre les fascismes vainqueurs.

Pourtant l'essentiel de la démocratie, c'est qu'elle préfère l'individu à l'État, contrairement aux idolâtres du groupe et de l'âme collective. Elle a pour base la personne, hors de toute discrimination, car cette qualité humaine est égale chez tous et fonde la mystique démocratique.

Si la société exige une hiérarchie et des spécialistes, la démocratie, elle, prend en compte l'homme dans sa nature la plus commune, avec ses besoins fondamentaux qu'elle doit satisfaire : elle ne se soucie que du «premier venu».

LOUIS LAVELLE

L'opinion

(Ce texte est à résumer en 100 mots.)

L'opinion est la chose du monde la plus rabaissée : «ce n'est qu'une opinion». Et nous l'opposons toujours avec Platon à la connaissance. Mais elle est en même temps la chose du monde à laquelle nous tenons le plus, simplement
5 parce qu'elle est nôtre, parce qu'elle exprime, semble-t-il, à la fois une préférence de notre nature et un acte de notre liberté.Nous revendiquons la liberté d'opinion. Ainsi chacun s'attache à l'opinion comme à l'expression la plus précieuse de son être individuel.
10 Mais il n'y a point d'opinion qui apporte à aucun homme une satisfaction sans mélange : car, en lui donnant le nom d'opinion, il reconnaît déjà sa faiblesse. Il se contente d'avouer qu'elle est la sienne, sans prétendre toujours qu'elle soit la meilleure. Et le choix qu'il en fait est un choix
15 que l'apparence détermine. C'est précisément au moment où elle commence à être ébranlée qu'il s'attache à elle avec une sorte de désespoir. C'est alors qu'il a recours à ce suprême argument : «du moins est-elle mienne», offrant d'engager toute sa personne pour la défendre, au moment
20 même où il la sent chanceler.

Il suffit, dit-on, que l'on reconnaisse à toutes les opinions une valeur égale. Mais cela est impossible, et contraire à la raison, puisqu'à ce compte elles se détruisent toutes. Dire que toutes les opinions ont une valeur égale, c'est dire
25 qu'elles n'en ont aucune, c'est-à-dire qu'elles sont en effet des opinions, qu'elles ne contiennent aucune vision claire de la vérité, qu'elles expriment seulement des préférences du désir ou des vraisemblances de l'imagination.

On ne trouvera point une issue en disant que les hommes
30 sont inégaux par l'entendement, mais peuvent devenir égaux par la sincérité. Ce qui est encore bien loin d'être vrai. Il n'est pas nécessaire pour cela de prétendre que l'opinion la plus sincère peut encore être sotte ou fausse, car il est possible qu'il y ait toujours une certaine rencontre entre la
35 sincérité et la vérité. Seulement nul ne pourra jamais dire jusqu'à quel point son opinion est sincère : et sans doute ne l'est-elle jamais tout à fait aussi longtemps qu'elle demeure une pure opinion. Car les hommes les plus sincères sont aussi ceux qui hésitent le plus à opiner.

[40] L'opinion lutte pour triompher comme l'individu. Qui relève la valeur de l'un relève aussi l'autre. Elle traduit toutes les fluctuations du caractère et de la vanité, qui s'apaisent dès que nous réussissons à atteindre la connaissance et à la posséder. Au lieu de comparer son opinion à [45] celle d'autrui, le sage qui connaît leur origine retire à la sienne la force que lui donnait l'amour-propre, et refuse de la suivre dans le combat.

Aussi n'est-ce pas l'opinion d'autrui qu'il faut mépriser, c'est d'abord la nôtre. Mais il semble, contrairement à ce [50] que l'on pourrait penser, que celui qui entreprend de convertir autrui à son opinion éprouve déjà sur elle une certaine insécurité, et, en obtenant l'adhésion d'autrui, cherche précisément à se rassurer sur elle et à la confirmer.

L'erreur de Narcisse, Grasset, 1939

Ce texte semble difficile car, sans offrir de difficultés de vocabulaire, il présente des nuances propres à l'analyse philosophique. N'oublions pas que dans nombre d'examens et de concours, des textes d'un bon niveau d'abstraction sont proposés et les noms de P. Valéry, de R. Aron, de R. Caillois entre autres, sont fréquents dans les annales qui rassemblent les textes à résumer.

En réalité, dans ce genre de textes les idées sont mieux définies et l'articulation du raisonnement plus nettement perceptible. On peut en deux phrases définir la thèse de Lavelle : «L'opinion ne peut prétendre à la vérité, car elle est toute subjective et relève plus du parti pris que de la connaissance. On la défend d'autant plus vivement, invoquant sa sincérité, qu'elle est plus contestable, alors que l'on devrait se faire un devoir de la mettre en doute».

Résumé d'un texte de Louis Lavelle extrait de : *L'erreur de Narcisse*.

Bien qu'elle ne soit pas une véritable connaissance, notre opinion nous est précieuse parce qu'elle exprime notre liberté de penser. Elle est subjective, relative et douteuse. Nous ne pouvons cependant y renoncer. Nous la défendons d'autant plus violemment qu'elle est nôtre et que nous la savons plus faible.

Si toutes les opinions se valent, alors nulle n'est vraie même si on invoque la sincérité. Celle-ci suppose le doute qui permet d'accéder à la vraie connaissance. Il faut donc douter de son opinion sans tenter de la propager pour lui conférer une certitude qu'elle ne peut comporter.

Nous obtenons une centaine de mots, avec une cohérence suffisante pour un texte qui vaut par sa rigueur et la précision des idées. Ce texte est une véritable définition de l'opinion.

MARTIN LUTHER KING

La non-violence

(Ce texte est à résumer en 140 mots.)

Soulignons tout d'abord que la résistance non-violente n'est pas destinée aux peureux; c'est une véritable résistance! Quiconque y aurait recours par lâcheté ou par manque d'armes véritables, ne serait pas un vrai non-
5 violent. C'est pourquoi Gandhi a si souvent répété que, si l'on n'avait le choix qu'entre la lâcheté et la violence, mieux valait choisir la violence. Mais il savait bien qu'il existe toujours une troisième voie : personne - qu'il s'agisse d'individu ou de groupes - n'est jamais acculé à cette seule
10 alternative : se résigner à subir le mal ou rétablir la justice par la violence; il reste la voie de la résistance non-violente. En fin de compte, c'est d'ailleurs le choix des forts, car elle ne consiste pas à rester dans un immobilisme passif. L'expression «résistance passive» peut faire croire - à tort -
15 à une attitude de «laisser-faire» qui revient à subir le mal en silence. Rien n'est plus contraire à la réalité. En effet, si le non-violent est passif, en ce sens qu'il n'agresse pas physiquement l'adversaire, il reste sans cesse actif de cœur et d'esprit et cherche à le convaincre de son erreur. C'est
20 effectivement une tactique où l'on demeure passif sur le plan

physique, mais vigoureusement actif sur le plan spirituel. Ce n'est pas une non-résistance passive au mal, mais bien une résistance active et non-violente.

En second lieu, la non-violence ne cherche pas à vaincre ni à humilier l'adversaire, mais à conquérir sa compréhension et son amitié. Le résistant non-violent est souvent forcé à s'exprimer par le refus de coopérer ou les boycotts, mais il sait que ce ne sont pas là des objectifs en soi. Ce sont simplement des moyens pour susciter chez l'adversaire un sentiment de honte. Il veut la rédemption et la réconciliation. La non-violence veut engendrer une communauté de frères, alors que la violence n'engendre que haine et amertume.

Troisièmement, c'est une méthode qui s'attaque aux forces du mal, et non aux personnes qui se trouvent être les instruments du mal. Car c'est le mal lui-même que le non-violent cherche à vaincre, et non les hommes qui en sont atteints. Quand il combat l'injustice raciale, le non-violent est assez lucide pour voir que le problème ne vient pas des races elles-mêmes. Comme j'aime à le rappeler aux habitants de Montgomery : «Le drame de notre ville ne vient pas des tensions entre Noirs et Blancs. Il a ses racines dans ce qui oppose la justice à l'injustice, les forces de lumière aux forces des ténèbres. Et si notre combat se termine par une victoire, ce ne sera pas seulement la victoire de cinquante mille Noirs, mais celle de la justice et des forces de lumière. Nous avons entrepris de vaincre l'injustice et non les Blancs qui la perpétuent peut-être.»

Quatrième point : la résistance non-violente implique la volonté de savoir accepter la souffrance sans esprit de représailles, de savoir recevoir les coups sans les rendre. Gandhi disait aux siens : «Peut-être faudra-t-il que soient versés des fleuves de sang, avant que nous ayons conquis notre liberté, mais que ce soit notre sang.» Le non-violent doit être prêt à subir la violence, si nécessaire, mais ne doit jamais la faire subir aux autres. Il ne cherchera pas à éviter la prison et, s'il le faut, il y entrera «comme un fiancé dans la chambre nuptiale».

Ici, certains demanderont : «Pourquoi encourager les hommes à souffrir? Pourquoi faire du vieux précepte de «tendre l'autre joue» une politique générale? Pour répondre à ces questions, il faut comprendre que la souffrance imméritée a valeur de rédemption. Le non-violent sait que la souffrance est un puissant facteur de transformation et

⁶⁵ d'amélioration. «Les choses indispensables à un peuple ne sont pas assurées par la seule raison, mais il faut qu'il les achète au prix de sa souffrance», disait Gandhi, il ajoute : «Mieux que la loi de la jungle, la souffrance a le pouvoir de convertir l'adversaire et d'ouvrir son esprit qui sinon reste ⁷⁰ sourd à la voix de la raison.»

Cinquièmement, la non-violence refuse non seulement la violence extérieure, physique, mais aussi la violence intérieure. Le résistant non-violent est un homme qui s'interdit non seulement de frapper son adversaire, mais même de le ⁷⁵ haïr. Au centre de la doctrine de la non-violence, il y a le principe d'amour. Le non-violent affirme que, dans la lutte pour la dignité humaine, l'opprimé n'est pas obligatoirement amené à succomber à la tentation de la colère ou de la haine. Répondre à la haine par la haine, ce serait augmenter ⁸⁰ la somme de mal qui existe déjà sur terre. Quelque part, dans l'histoire du monde, il faut que quelqu'un ait assez de bon sens et de courage moral pour briser le cercle infernal de la haine. La seule façon d'y parvenir est de fonder notre existence sur l'amour.

Combats pour la liberté, Payot, 1975.

Résumé d'un texte de Martin Luther King extrait de : *Combats pour la liberté.*

Si l'on rejette l'alternative de la violence ou de la soumission honteuse, on doit choisir la résistance non-violente. Elle est active puisqu'elle mobilise l'esprit contre le mal et combat l'adversaire en le persuadant de son erreur. Car l'ennemi véritable c'est le mal et non l'adversaire, ce frère égaré qu'il faut réconcilier avec la communauté des hommes.

Ainsi, combattre le racisme, ce n'est pas défendre une catégorie humaine, mais lutter pour la justice universelle. Le non-violent accepte donc le sacrifice, de sa liberté par exemple, et comprend la souffrance comme un enrichissement et un exemple susceptible de convertir l'adversaire.

La non-violence affirme que le mal c'est la haine, absurde et négative, et que seul l'amour peut fonder notre existence.

Résumé facilité par la composition même du texte en différents points, comme les articles d'un code. Mais nous n'avons pas à entrer dans le détail de ces principes. Il s'agit de respecter la thèse de l'auteur et la cohérence de sa réflexion. On remarquera que le résumé fait ressortir l'attitude religieuse qui inspire la doctrine non-violente, sans trahir le moins du monde le sens du texte. Ainsi voyons-nous bien que résumer ce n'est pas édulcorer un texte, mais au contraire en dégager l'essentiel : son énergie nucléaire, si l'on peut dire!

LOUIS MILLET

Les risque-tout

(Ce texte est à résumer en 150 mots.)

Un risque est un danger *possible*. Tel court des risques; tel autre s'assure contre certains risques (accident, incendie, etc.). Risquer, c'est rejeter l'assurance sur laquelle on pourrait se reposer : c'est s'exposer, se hasarder, faire face à
5 des échecs plus ou moins graves, pouvant aller jusqu'à la mort, cette défaite définitive de la vie.

Devant le risque, comme devant tout hasard, l'homme souhaite accroître sa puissance afin d'aboutir à une élimination radicale : le risque, conséquence de l'ignorance, dispa-
10 raît avec elle pour faire place au savoir et aux actes calculés. La conscience populaire aurait tort d'affirmer : «Qui ne risque rien n'a rien.» Plus encore : notre liberté de choix s'évanouirait et n'aurait plus de risques à prendre, comme dans le «meilleur des mondes». Mais cela se peut-il?
15 Celui qui regarde vivre les hommes s'aperçoit vite que jamais le risque ne disparaîtra; il séduit trop certains êtres, souvent adolescents, parfois plus âgés. La caractérologie, du reste, permet de comprendre que certains types d'hommes raffolent du risque (les «émotifs-actifs» :
20 colériques, passionnés).

Quand le «risque-tout» ne rencontre pas le danger, il court le chercher : vitesse (James Dean, et son culte); escalades; acrobaties; jeu de poker du financier qui, comme André Citroën, mise une fortune sur un projet hasardeux;
25 coup d'audace qui peut briser une carrière ou apporter la gloire - on n'en finirait pas d'énumérer les situations qui répugnent aux hommes calmes et doux, mais qui exercent sur d'autres une séduction irrésistible. Quel plaisir cette tête brûlée éprouve-t-elle à se précipiter vers le risque,
30 se demande l'homme rangé, le flegmatique, ami de l'ordre et de la sûreté? A côté du témoignage intime de la conscience, la littérature nous renseigne : *plus le danger est grand, plus est forte la sensation rare et enivrante qu'éprouve celui qui l'affronte*. Déjà l'enfant intrépide qui grimpait sur un arbre
35 élevé et glissant ressentait une griserie ignorée des «poules mouillées»; celui qui expose sa vie au hasard d'un revolver à barillet, et qui recommence une seconde, une troisième fois, éprouve, avant de se trouer la tempe, une *exaltation extrême :* il a l'audace de mettre en jeu son existence, pour
40 rien, pour la seule jouissance; dégoûté d'un monde plat et vide, il se lance dans un acte dont la conséquence suprême lui échappe, confiée qu'elle est aux aléas du mouvement d'une simple roue : il s'enivre d'un acte qui le dépasse, et qui peut l'anéantir. Celui qui s'expose aux jeux du cirque, aux
45 combats violents, aux courses de taureaux avec mise à mort, doit ressentir un frisson analogue, la jouissance du danger risqué est alors le piment de l'existence.

Comment expliquer cette jouissance? Je laisserai ici de côté les facteurs du caractère, qui expliquent son degré de
50 violence, mais non son existence. Celui qui risque, et avant tout celui qui risque sa vie, *veut* ce risque et, par conséquent, la possibilité du danger; la conséquence, laissée au hasard, lui échappe cependant; il est alors dans une situation-limite : sa volonté affronte de plein gré, en pleine lumière, un
55 événement qui ne peut pas dépendre d'elle, puisqu'elle le risque; dans cette crispation ultime du vouloir, l'homme cherche à repousser les limites ordinaires de son action, il veut échapper à sa condition, qui est la finitude : il affronte et nargue son impuissance, son ignorance, le lien humble et
60 ténu qui attache son existence à l'intégrité de son cerveau ou de son cœur. Celui qui veut le risque, mais non la conséquence (il savoure le danger, il ne se suicide point, ni ne se mutile), cherche à jouir de sa pure puissance de choix, qu'il engage gravement, pour elle-même, mais non pour l'effet

⁶⁵terrible que son acte peut déclencher; il lui faut cependant affronter la terreur, sinon l'acte perdrait tout son sérieux, et ne présenterait que l'intérêt d'un rêve. Le «risque-tout», par conséquent, est un épicurien très raffiné, qui prend pour objet de jouissance ce que l'homme a de plus grand : la ⁷⁰liberté. Mais son action n'a, comme tout acte gratuit, aucune positivité, hormis celle de la jouissance : ce dont il a besoin est un *danger*, c'est-à-dire une menace, une puissance d'anéantissement. Exaspéré, enivré, affronté peut-être au maître suprême, la Mort, le «risque-tout», en voulant ⁷⁵éprouver les délices d'une liberté pure et totale, d'un engagement sans recours, *n'accomplit aucune œuvre :* l'expérience-limite qu'il tente lui révèle ainsi sa propre finitude, dans l'acte même par lequel il tentait de goûter une griserie infinie. Là est son échec. Et il est irrémédiable, sanctionné ⁸⁰souvent par l'événement : à la troisième fois, le barillet présente la balle, le coup part, l'ivresse s'anéantit avec l'être, et il ne reste plus qu'un pantin sanglant - et l'horrible détresse des proches, des amis.

En face de cet amateur de dangers, il existe une catégorie ⁸⁵d'humains qui paraissent plus avisés : ceux qui ont si peur du risque qu'ils ne s'exposeront même pas à un courant d'air pour aller rendre un service.

Introduction aux sciences humaines, Bordas, 1968.

PRÉSENTATION DU TEXTE

De ce texte au développement sinueux, qui n'évite pas la répétition de l'idée d'affrontement fatal et gratuit, comme cause de jouissance pour le dilettante du risque, il faut faire ressortir la thèse de l'auteur sans cesse réaffirmée : le risque-tout s'évade dans ce défi gratuit au néant par lequel il exalte sa liberté et connaît sa plus grande jouissance. On pourrait reprendre l'exemple de la roulette russe, sous-jacent à la pensée de l'auteur et qui lui donne son unité un peu rigide, car le risque peut être accepté en vue d'une épreuve dont on veut sortir vainqueur. Il est préférable de négliger *tous* les exemples en trouvant des équivalents dans des formules synthétiques : «défi gratuit», «provoquer le destin», etc.

La silhouette de l'homme prudent, de l'assuré tous risques, à peine évoquée, est pourtant présente à trois reprises : au début du texte, au milieu et à la fin. Il suffit de le faire apparaître aux dernières lignes, comme le fait cette fois plus nettement l'auteur pour amorcer sans doute un autre développement, ou bien, et c'est la seule chose qui nous intéresse, donner plus de relief, par contraste, au portrait du risque-tout.

Résumé du texte de Louis Millet : *Les risque-tout.*

En recherchant l'épreuve du risque, qui peut lui être fatale, l'homme refuse la sécurité. Il a toujours rêvé d'éliminer le hasard : mais ce serait s'interdire toute aventure.

Car le risque est la passion de certains hommes qui le recherchent sous diverses formes, pour le plaisir. Au fond de l'ivresse gratuite, dont l'enfant se grise déjà, on trouve la fascination de l'inconnu et du néant. Il s'agit, en effet, comme dans toute épreuve violente, d'affronter un danger voulu et terrifiant, pour échapper au huis-clos de l'existence et se choisir un destin. Mais cette extrême liberté, sans résultat tangible, débouche sur l'échec : la mort et le malheur l'annulent.

Au joueur risque-tout s'oppose l'assuré tous risques.

La netteté du résumé contraste avec l'impressionnisme de l'analyse, qui nous importe peu : l'essentiel est de rester clair. La recherche des formules très ramassées est un des plaisirs du résumé et nous rappelle que ce travail est un véritable apprentissage du style, car traduire la pensée des autres c'est la faire sienne. On pourrait par exemple contester le terme *huis-clos?* Répondons qu'il synthétise fortement les notions de limites et de finitude présentes dans le texte, en gardant son ambiguïté concret/abstrait, qu'il tient de son usage sartrien.

IRÈNE JOLIOT-CURIE

Science et aventure

Dans une réunion internationale, Marie Curie citait parmi
les mobiles d'action les plus puissants de l'homme la curiosité et l'esprit d'aventure. Certes, le premier mobile est bien
propre à nous pousser à la recherche, mais, si l'explorateur
⁵ trouve aussi à satisfaire le goût de l'aventure, il semble que
le domaine tranquille des laboratoires offre peu de ressources à ce point de vue. Pourtant nous nous trouvons en
présence de faits singuliers, parfois intéressants seulement
pour quelques spécialistes, parfois assez frappants pour être
¹⁰ vulgarisés. Un travail commencé évolue d'une manière
imprévue, ouvre des voies nouvelles au travail futur. Et là
nous trouvons à satisfaire nous aussi l'esprit d'aventure.
N'est-ce pas une aventure que celle de Röntgen étudiant la
décharge électrique dans des tubes à pression réduite et
¹⁵ découvrant les rayons X qui nous permettent de voir à
travers le corps humain ? N'est-ce pas une aventure que celle
de Pierre et Marie Curie entreprenant la séparation du
radium sur quelques centaines de grammes de matière et se
trouvant amenés quelques mois après à remuer des kilos de
²⁰ minerai et de produits chimiques dans de grandes cuves
pour en extraire quelques milligrammes seulement de
matière radio-active précieuse ?

La recherche scientifique est un domaine d'activité récon-
fortante au point de vue moral, par le plaisir de la
²⁵ découverte, même si elle est de faible importance, par le
plaisir d'avoir surmonté les difficultés rencontrées, par le

sentiment que toute connaissance nouvelle est définitivement acquise pour l'humanité. C'est aussi un domaine où l'on sent profondément la solidarité obligatoire de tous les pays du monde. Chaque découverte faite dans un pays reçoit aussitôt des développements nouveaux dans les autres pays, de sorte que presque toutes les grandes œuvres scientifiques sont le résultat d'une collaboration internationale.

QUESTIONS

1. *Résumez ce texte en une dizaine de lignes.*
2. *Expliquez a)* les mobiles d'action de l'homme ; *b)* des faits singuliers assez frappants pour être vulgarisés.
3. *« Curiosité et esprit d'aventure » ! Ces deux mobiles d'action de l'homme sont-ils réservés au savant ? Peut-on les trouver actuellement dans l'exercice de tous les métiers ?*

ROBERT SABATIER

... par-dessus tout, un plaisir

«Pourquoi apprendre?» me dit un jour un adolescent sur
un ton blasé. «Pourquoi apprendre puisque j'oublierai les
deux tiers de ce que j'ai appris et que le reste ne me servira
pas à grand-chose?»

5   J'aurais pu lui parler du rôle des études dans la formation
intellectuelle. Se référant à la raison pratique, qui ne lui
aurait répondu en évoquant les diplômes, les possibilités
d'établir sa situation dans la vie, de faire une carrière?

Et on aurait pu ajouter que les études, c'est comme l'eau
10 pure; on l'apprécie quand on est dans le désert. Et combien,
parmi les défavorisés de la société, m'ont dit : «Et pourtant,
j'étais doué. Ah! si on m'avait fait faire des études»...

Mais pour répondre à cet adolescent moins blasé sans
doute qu'il ne voulait bien le montrer, j'ai choisi d'autres
15 arguments. En effet, cet aimable provocateur, ce charmant
petit Socrate, pour sa *délectation personnelle,* voulait
m'amener à entrer dans un jeu où il serait gagnant puisqu'il
prévoyait mes objections et savait par quelles insolentes
pirouettes il pourrait y répondre. J'ai préféré puiser dans
20 mon expérience enfantine d'une *pédagogie sauvage* et dont
finalement je ne me plains pas puisqu'elle a ouvert à ma
curiosité les portes du savoir et fait de moi un éternel étudiant. Et j'ai évoqué une idée toute simple qu'on oublie généralement : *l'idée de plaisir.*

25   Celui qui a le bonheur d'accéder à ce bien précieux, la
culture, doit en connaître les joies. Malheureusement, ce
n'est pas le cas du plus grand nombre. J'ai visité beaucoup
de comités culturels d'entreprises. Il y a là des gens de bonne
volonté qui mettent toute leur énergie à éveiller des intérêts
30 pour le livre, le disque ou le spectacle. Ils savent que
l'homme ne vit pas seulement de pain. Ils savent que l'accession à la consommation est une chose et que l'accession au
savoir en est une autre. Il existe malheureusement des soifs
de connaissances qui restent insatisfaites. La fatigue des
35 journées de travail, des transports, le manque de temps et de
moyens en sont la cause, et aussi l'*abandon à la quotidienneté envahissante.* Cela m'a attristé bien souvent, mais quel
réconfort que de voir briller dans un regard une certaine

flamme : celle de l'être qui découvre autre chose que son
40 horizon limité de chaque jour.

A cela et à ceux-là, il faudrait bien penser.

Non, la culture n'est pas un mot abstrait, une entité administrative. Elle est un besoin, une nécessité, une nourriture. Mais elle est aussi, par-dessus tout, un plaisir.

Journal du Dimanche, 1973.

QUESTIONS

1. *Résumez ce texte en dix ou douze lignes.*

2. *Indiquez le sens de* pour sa délectation personnelle, pédagogie sauvage, l'abandon à la quotidienneté envahissante.

3. *Après l'avoir expliquée, vous direz si vous êtes d'accord avec cette opinion de l'auteur :* «La culture est un besoin, une nécessité, une nourriture. Mais elle est aussi, par-dessus tout, un plaisir.»

ROBERT BEAUVAIS

300 000 dauphins perdus en mer!

(Ce texte est à résumer au tiers.)

Quand un homme aussi sérieux que Philippe Cousteau nous parle de ses trois cent mille dauphins tués en un an par les irrégularités de la pêche hauturière [1] actuelle, je suis éberlué. Comment peut-on connaître avec une telle précision
[5] le nombre de dauphins qui disparaissent ainsi au milieu de l'océan? Qui peut les répertorier, puisqu'il n'y a pas encore de registres de l'état civil des dauphins? Les pêcheurs qui trouvent un dauphin dans leurs filets, en informent-ils immédiatement un centre spécialisé, chargé d'enregistrer les
[10] décès? Y a-t-il un recensement annuel des dauphins? En ce cas, comment faire la part des dauphins anarchisants, asociaux, simplement négligents ou facétieux qui ne se sont pas pliés aux formalités du recensement? (On connaît l'inclination ludique [2] de ces malicieux cétacés.) Comment savoir si
[15] un dauphin porté disparu est vraiment mort ou simplement en voyage de déplacement dans les fonds sous-marins; un reportage télévisé sur la façon dont s'établissent les statistiques écologiques me passionnerait. Je n'en ai jamais vu.

Je sais combien ces ricanements sont blasphématoires eu
[20] égard au respect souvent justifié dû à la science de nos jours. Mais je ne peux m'empêcher de penser à certaines bavures comme celle de 1910, où une partie des sommités avait pronostiqué que tous les habitants de la terre périraient asphyxiés par je ne sais quel acide (cyanhydrique ou prussi-
[25] que) quand notre planète pénétrerait dans la queue de la comète de Halley. La panique s'empara d'une multitude de naïfs dont quelques-uns se suicidèrent. Chaque fois que je lis les prophéties apocalyptiques des écologistes, je pense à ces suicides; encore que dans l'histoire de la comète, les sommi-
[30] tés, non embrigadées, n'aient eu aucune raison partisane de noircir les choses. Simplement le plaisir d'annoncer une mauvaise nouvelle, plaisir plus répandu qu'on ne pense. Chez beaucoup de savants écologistes, en revanche, et en raison de leurs engagements, il est difficile de faire la part du
[35] savant et celle de l'écologiste, et de savoir lequel des deux

---

1. Pêche en *haute* mer, c'est-à-dire en mer *profonde,* au large.
2. L'instinct du jeu, l'amour du jeu.

l'emporte sur l'autre. Car ce n'est pas un des phénomènes les moins remarquables de notre siècle que d'être à la fois celui d'une vertigineuse avancée de la découverte scientifique en même temps que d'une extrême régression de l'esprit scien-
40 tifique.

C'est que les savants d'aujourd'hui ont des convictions. Certes, ce n'est pas neuf : ils en ont toujours eu. Mais le phénomène nouveau, depuis Claude Bernard, c'est que leurs convictions pèsent de plus en plus sur leurs travaux.

45 Ce qu'ils voient sur les tracts est plus important que ce qu'ils voient sous les microscopes. Ce n'est pas une boutade. Croire aux lois de l'hérédité en biologie n'est pas aujourd'hui une certitude scientifique : c'est une prise de position politique.

50 Un exemple, pour en revenir a l'écologie. Il est universellement admis que la pollution est une conséquence de l'industrialisation du monde. N'est-il pas permis d'estimer au contraire que le monde n'est actuellement pollué que parce qu'il n'est pas assez industrialisé? Car si l'industrialisation
55 pollue, la super-industrialisation dépollue. Paradoxe? Une fois de plus, écoutons Jean Dorst : «Dans l'ensemble, les procédés d'épuration mis au point donnent satisfaction sur le plan technique. Il convient de les mettre en œuvre sans tarder pour le bien même de l'humanité [1].»

Les Tartufes de l'écologie, Librairie A. Fayard.

QUESTIONS

1. *A quelle tendance de l'esprit Robert Beauvais s'attaque-t-il ici?*
2. *Comment procède-t-il dans cette discussion critique?*
3. *Son optimisme vous semble-t-il justifié?*
4. *Que pourrait lui répondre un partisan raisonnable de l'écologie?*

1. Jean Dorst, *La nature dénaturée,* Le Seuil.

JEAN ROSTAND

Protéger la nature

Pendant un très long temps, l'idée ne pouvait même pas venir à l'homme qu'il eût à user de ménagements envers la nature, tant celle-ci lui apparaissait hors de proportion avec les effets qu'il était capable d'exercer sur elle. Mais voilà
5 que, depuis quelques décennies, la situation se retourne... Par suite de la prolifération effrénée des êtres humains, par suite de l'extension des besoins et des appétits qu'entraîne cette surpopulation, par suite de l'énormité des pouvoirs qui découlent du progrès des sciences et des techniques,
10 l'homme est en passe de devenir, pour la géante nature, un adversaire qui n'est rien moins que négligeable, soit qu'il menace d'en épuiser les ressources, soit qu'il introduise en elle des causes de détérioration et de déséquilibre.

Désormais, l'homme s'avise que, dans son propre intérêt
15 bien entendu, il lui faut surveiller, contrôler sa conduite envers la nature, et souvent protéger celle-ci contre lui-même.

Ce souci, ce devoir de sauvegarder la nature, on en parle beaucoup à l'heure présente ; et ce ne sont plus seulement les
20 naturalistes qui en rappellent la nécessité : il s'impose à l'attention des hygiénistes, des médecins, des sociologues, des économistes, des spécialistes de la prospective, et plus généralement de tous ceux qui s'intéressent à l'avenir de la condition humaine...
25 Multiples sont, de vrai, les motifs que nous avons de protéger la nature.

Et d'abord, en défendant la nature, l'homme défend l'homme : il satisfait à l'instinct de conservation de l'espèce. Les innombrables agressions dont il se rend coupable envers
30 le milieu naturel - envers «l'environnement», comme on prend coutume de le dire - ne sont pas sans avoir des conséquences funestes pour sa santé et pour l'intégrité de son patrimoine héréditaire...

Protéger la nature, c'est donc, en premier lieu, accomplir
35 une tâche d'hygiène planétaire. Mais il y a, en outre, le point de vue, plus intellectuel mais fort estimable, des biologistes qui, soucieux de la nature pour elle-même, n'admettent pas que tant d'espèces vivantes - irremplaçable objet d'études - s'effacent de la faune et de la flore terrestre, et qu'ainsi, peu à

⁴⁰ peu, s'appauvrisse, par la faute de l'homme, le somptueux et
fascinant musée que la planète offrait à nos curiosités.

Enfin, il y a ceux-là - et ce sont les artistes, les poètes, et
donc un peu tout le monde - qui, simples amoureux de la
nature, entendent la conserver parce qu'ils y voient un décor
⁴⁵ vivant et vivifiant, un lien maintenu avec la plénitude ori-
ginelle, un refuge de paix et de vérité - «l'asile vert cherché
par tous les cœurs déçus» - parce que, dans un monde enva-
hi par la pierraille et la ferraille, ils prennent le parti de
l'arbre contre le béton, et ne se résignent pas à voir les prin-
⁵⁰ temps silencieux...

Extrait de la préface au livre d'E. BONNEFOUS,
L'homme ou la nature? Éditions Hachette.

QUESTIONS

1. *Résumez le texte en une douzaine de lignes.*
2. *Expliquez les expressions :* l'intégrité de son patrimoine héréditaire, une tâche d'hygiène planétaire, les printemps silencieux.
3. *Choisissez un des trois motifs avancés par Jean Rostand en
faveur de la protection de la nature et développez-le selon votre
propre point de vue. Vous pourrez aussi, si vous en avez, pro-
poser d'autres arguments.*

ANDRÉ FONTAINE

La résistance du passé

(Ce texte est à résumer au cinquième.)

Le destin collectif s'apparente au destin individuel : chacun de nous est à la fois continuité et changement. D'enfant, l'homme devient adulte puis vieillard sans cesser d'être lui-même. Par moments, il se sent vieillir : il y a la puberté, le
5 premier cheveu blanc, la première fausse dent, la première paire de lunettes. Mais les rides se creusent insensiblement et l'usure est insidieuse. Il en va de même des sociétés individuelles. Il y a des révisions «déchirantes», des retournements spectaculaires, des révolutions et des guerres. Mais
10 il y a aussi des évolutions lentes, dont on ne voit l'effet que lorsqu'elles ont atteint leur terme. Et il reste toujours quelque chose de ce qui a été [...]

La résistance du passé : c'est sans doute ce que les révolutionnaires ont le plus naturellement tendance à sous-estimer,
15 et qui explique qu'ils soient si souvent contraints, quitte à s'entre-tuer, à changer le cap de leur entreprise. Parce qu'ils ont facilement l'esprit géométrique, parce que leur dessein leur paraît rationnel, juste, cohérent, ils croient qu'ils vont pouvoir, en fin de compte, tout maîtriser. Mais le change-
20 ment qu'ils prétendent apporter s'inscrit sur une société qui, comme un sol, une race, une langue, est constituée de sédiments multiples et superposés. Elle possède déjà une dynamique propre et subit de surcroît le contrecoup de l'évolution, voulue ou non, de son environnement. Les
25 modifications qu'ils vont apporter suscitent des réactions qu'il n'est en fait au pouvoir de personne de vraiment prévoir, puisque aussi bien les effets ont vite fait de redevenir des causes, et aussi parce que l'aveuglement ou l'ignorance dissimulent trop souvent aux yeux des pans de réalité dont
30 la connaissance serait indispensable à la formulation d'un jugement juste et donc d'un projet cohérent.

La France au bois dormant, Librairie A. Fayard.

1. *Présentez quelques exemples de votre choix pour illustrer la thèse de l'auteur.*
2. *Étudiez la structure logique du deuxième paragraphe.*
3. *Relevez dans le texte et définissez les principaux termes qui expriment une notion de changement.*

MARCEL RAYMOND
Un effort de sympathie

(Ce texte est à résumer au tiers de sa longueur.)

Demandons-nous quelle peut être, et quelle doit être, face
à l'œuvre d'art, et en particulier face à l'œuvre d'art verbale,
l'attitude première du lecteur, du contemplateur, et le mode
de connaissance auquel enfin il peut souhaiter de parvenir.

⁵ Je remarque d'abord que, de tout le passé, et de tous les
témoignages qu'il nous abandonne, l'œuvre d'art est la seule
réalité que nous soyons en état de connaître directement.
Tout le reste est «document»; document sur autre chose, sur
de la vie qui a sombré dans le néant ou qui échappe à nos
¹⁰ prises. Ces documents, dont l'historien doit se contenter,
sont le plus souvent incomplets, dispersés. Seule l'œuvre
d'art est encore douée d'existence. *« C'est par l'expression,*
dit C.-F. Ramuz, *et par là seulement, que l'homme se survit
à lui-même, et les nations à elles-mêmes et les civilisations à*
¹⁵ *elles-mêmes. De sorte que, si l'art n'existait pas, ce serait*
comme si ces hommes, ces nations, ces civilisations
n'avaient pas existé [1]*.»* L'affirmation peut sembler excessive.
Elle ne l'est pas, si on l'entend comme il convient : ce que
Ramuz veut dire, c'est que l'œuvre d'art est le seul témoin du
²⁰ passé qui soit réellement et actuellement vivant.

Mais ce témoin, pour l'ordinaire, n'a qu'une existence vir-
tuelle ; un voile de sommeil l'enveloppe. Qu'est-ce qu'un
quatuor de Beethoven ? Exactement rien, du noir sur du
blanc. Mais tout, mais un monde suffisant et plein, si des
²⁵ musiciens sont capables de jouer le quatuor ; si des auditeurs, des amateurs sont en état de l'entendre. Des amateurs
au sens premier du mot, c'est-à-dire des hommes ayant le
pouvoir d'aimer, de faire acte de présence à l'œuvre d'art et
de s'offrir tout entiers à son action. Car l'artiste, le poète,
³⁰ s'est engagé tout entier dans son œuvre (à son insu, peut-
être ; il a pu croire qu'il agissait en pur technicien, en rhétori-
cien). Si cela est vrai, il est inadmissible que nous préten-
dions la connaître après l'avoir abordée en simple obser-

---

1. Lettre de C.-F. Ramuz à Mermod.

vateur, et par une considération seulement attentive qui ne
35 fasse appel qu'à nos facultés de surface, ou à notre intelligence.

Il s'agit donc en premier lieu, pour le lecteur, de se
dépouiller de tout ce qui n'est pas lui-même, d'interrompre le
40 jeu de l'amour-propre et les mouvements de l'affectivité, liés
le plus souvent au souvenir ou au projet d'une activité
sociale.

Par une sorte d'ascèse, il s'agit d'entrer dans un état de
réceptivité profonde où l'être se sensibilise à l'extrême, puis
45 de céder peu à peu à une *sympathie* pénétrante. Il faut enfin
tenter de s'élever jusqu'à un état de connaissance *sui
generis* [1].

Être et dire, Éditions La Baconnière, Neuchâtel, © 1970.

QUESTIONS

1. *Quelle définition de l'œuvre d'art vous suggère ce texte?*
2. *Comment peut-on justifier le besoin de ressusciter le passé?*
3. *Quels sont, d'après l'auteur, les différents «degrés» de
l'accession à l'œuvre d'art?*

1. Locution latine : «de son genre propre», conforme à son objet.

ANDRÉ KÉDROS

Utopie

(Ce texte est à résumer au cinquième.)

L'État a dépéri. Ni armée, ni police. Les citoyens ont délégué aux affaires publiques des administrateurs sages et compétents. Tout appartient à tous. Les loisirs sont immenses. Chacun a reçu une instruction polytechnique. Il
[5] sait raisonner juste, questionner intelligemment les cerveaux électroniques, juger de la qualité d'une œuvre d'art. Le bon goût est aussi répandu que le bon sens. La sensibilité aussi délicate que le raisonnement puissant. Des télé-écoles ouvertes jour et nuit. On y assimile de nouvelles connais-
[10] sances dans le domaine de son choix. Aucune contrainte. Un grand désir de perfectionnement. Une curiosité constamment en éveil. Chacun s'essaie dans des disciplines éloignées de sa profession de base. Des ingénieurs taillent et greffent de nouvelles espèces florales. Des chimistes font de la pein-
[15] ture. Des astrophysiciens, de la poésie. Ici, des agronomes façonnent, en bons artisans, des objets uniques et d'une grande beauté. Là, des médecins expérimentent de nouveaux types de fusée. On peut avoir plusieurs violons d'Ingres. Le dilettantisme est roi. Le libre épanouissement
[20] du virtuel exalte le sentiment de plénitude. Qu'importe si tout n'est pas de la même qualité? Les besoins fondamentaux sont largement satisfaits. On peut gaspiller. On peut créer à tort et à travers. *Sur le terreau d'une stricte rationalisation, l'éclosion d'une joyeuse anarchie.* La société
[25] n'y trouve pas toujours son compte. Mais l'individu est comblé. Et c'est très bien ainsi.

Dans le foisonnement d'une création à jet continu, le beau se distingue à peine du vrai. Une nouvelle formule mathématique, une synthèse chimique, une théorie audacieuse sont
[30] admirées au même titre qu'une fresque réussie ou un poème inspiré. Chacun porte un vif intérêt à l'œuvre de son prochain. Ainsi naît l'émulation. Ainsi surgissent, parfois, les découvertes géniales, les inventions étonnantes, les chefs-d'œuvre. Exposés et discutés dans les assemblées, ces der-
[35] niers sont distingués et proposés à la jouissance de tous.

Le culte du beau déteint sur la vie quotidienne. Les demeures individuelles regorgent d'œuvres d'art. Réalisées par des amateurs ou par des artistes consacrés, elles satisfont

par leur abondance, comme les autres biens, à tous les
⁴⁰ besoins. Si, du fait de leur unicité, la répartition pose des
problèmes, le tirage au sort tranche en dernier lieu. Sous
l'impulsion des artisans et des artistes, une industrie très
souple fabrique des objets usuels de plus en plus jolis. Il
s'agit de mobiles transformables dans leur forme, leur
⁴⁵ mouvement, leur couleur ou leur éclairage. Ils s'adaptent à
l'humeur des usagers. Des objets futiles, mais amusants,
introduisent une note de surprise dans les gestes quotidiens
menacés de routine. Une poignée de porte, un bouton
d'ascenseur peuvent être des gadgets.
⁵⁰   Le style de vie des citoyens reflète leur liberté. Hommes et
femmes sont habillés avec une sobre élégance. Ils sont gais
et fraternels. Vivant dans un monde exempt de menaces,
s'ils éprouvent parfois l'inquiétude métaphysique, ils ne
connaissent pas l'angoisse. Possédant tout, mais ne possé-
⁵⁵ dant rien en propre, ils ont cessé d'être égoïstes. Le développement harmonieux de leur personnalité les préserve, sinon
des conflits intérieurs, du moins des frustrations brutales. La
pratique du sport leur assure la beauté physique et l'équilibre nerveux. L'éducation, appuyée sur les progrès de la
⁶⁰ psychologie abyssale [1], s'efforce de dompter la bête dans
l'homme. Elle s'attache à extirper les survivances du passé
liées aux hantises d'un monde injuste. Tout en ménageant les
zones d'ombre nécessaires à la spontanéité et à la création,
elle traque, dès le plus jeune âge, les perversions, la mé-
⁶⁵ chanceté, la paresse, le mensonge.

Revue *Janus*, n° 4, *L'homme, son histoire, son avenir*, Éditions R. Laffont.

QUESTIONS

1. *Qu'est-ce qu'une utopie?*
2. *A quelles conditions pouvons-nous croire, selon vous, qu'une utopie a quelques chances de se réaliser un jour?*
3. *Imaginez, à votre tour, la société de vos rêves.*

1. Psychologie des profondeurs, des couches les plus intimes de la personnalité.

ÉVELYNE SULLEROT

Le couple

(Texte à résumer au tiers.)

La grande victoire du XXe siècle, qui ne veut pas l'admettre, et des femmes, qui ne s'en rendent pas compte alors que c'est leur œuvre vive, leur œuvre chère : c'est le mariage. Pour la première fois de leur longue histoire, pour
5 la première fois depuis que le monde est monde, pour la première fois dans ce pays, les femmes se marient par amour. Elles épousent celui de leur choix, celui qu'elles aiment. Elles sont, du reste, proportionnellement plus nombreuses à se marier que dans les siècles passés qui comptaient davan-
10 tage de célibataires. (Un seul triste accident : la cohorte des «fiancées» de 1914-1918, privées d'hommes par une monstrueuse saignée.) Elles se marient de plus en plus jeunes, et les jeunes filles des années 70, qui disent que le mariage est fini, mort, se marient plus nombreuses qu'aucune génération
15 de femmes avant elles, et se marient dès vingt et un-vingt-deux ans, alors que leurs mères attendaient plus que cela, et leurs grands-mères environ vingt-six ans.

Le mariage a bien changé, et on peut même dire que le mariage a tout changé : les femmes, désormais, y inves-
20 tissent leur affectivité tout entière. Elles choisissent «la vie à deux». Comme elles ne veulent plus se servir, à partir de 1945, des vieux oripeaux du mariage bourgeois catholique avec notaire et consentement obligatoire d'autrefois, elles ont changé le vocabulaire en changeant les choses. Elles ne
25 parlent plus d'«hymen», ni d'«époux». Ni même de «ménage». Elles appellent l'autre «le compagnon» et conjuguent avec lui, nuit et jour, «la vie commune», irremplaçable et difficile. Elles expérimentent enfin la durée, sans l'absence ou les obstacles extérieurs comme adjuvants. Et parcourent
30 la durée. Et expérimentent la communion quotidienne et ses faillites : la satiété, l'indifférence, les mensonges, les répétitions du quotidien, les portes qui claquent, les lits à faire, la pendule, et les enfants, et le bureau, et la vaisselle, et les dimanches avec les amis. Pour vivre cela, l'étonnement ne
35 suffit plus, ni même le cœur. Il faut une autre source commune d'extases et de heurts, un autre aliment aux mille et une nuits à deux : «l'entente sexuelle». «Je m'entends bien avec mon mari» a changé de sens. Aujourd'hui, c'est un

aveu complet. S'entendre corps et âmes, c'est s'écouter aus-
40 si. Jamais les femmes n'avaient autant étudié, écouté, regardé l'homme. Périlleuse durée à laquelle s'essaient courageu-
sement toutes les femmes dans les années 20, dans les
années 30, mais surtout, surtout, dans les années 40, 50, 60.
Un mot surgit dans la langue qui va devenir banalité mais
45 qu'on utilisait à peine naguère : le couple. Ce n'est plus par
et pour «l'amour» que vivent la plupart des femmes, c'est
par et pour «le couple», «notre couple». «La réussite d'un
couple», «un couple merveilleux», un «vrai couple» sont, au
firmament des rêves des femmes, dans la deuxième moitié du
50 XXe siècle, les étoiles qui les guident, et non plus les
«grandes passions».

Histoire et mythologie de l'amour, Hachette.

QUESTIONS

1. *Comment s'explique la transformation du mariage constatée
par Évelyne Sullerot?*
2. *L'affirmation de la ligne 40 (*Jamais les femmes n'avaient
autant étudié, écouté, regardé l'homme) *vous semble-t-elle
exacte, d'après ce que vous avez pu constater vous-même,
autour de vous, ainsi que dans les romans, les films, les émis-
sions de télévision, etc...?*
3. *Comment expliquez-vous la contradiction entre le langage*
(Le mariage est fini, mort) *et le comportement* (Les femmes se
marient de plus en plus jeunes)?

PIERRE MIQUEL

Il y a oubli et oubli...

(Texte à résumer au tiers.)

Au-delà des révoltes, des émeutes et des châteaux brûlés, plus oubliés encore par l'Histoire, il y a tous les marginaux de la société, les fous, les enfermés, les illuminés, les mystiques, l'immense peuple des vagabonds, des errants, des
5 «cheminots». On a oublié de nos jours l'existence de cette France parallèle, des bas-fonds de la misère, où l'homme n'a pas d'existence légale.

Le sans-travail et le sans-abri n'a pas d'identité. Il est né souvent dans un hôpital-prison. Il s'élève, s'il peut survivre
10 aux formidables épidémies des temps anciens. Il s'engage dans la vie sociale sans éducation, sans instruction. Il n'a ni parents ni appuis. Il devient vite un condamné en puissance. Qui peut l'aider ? Le clergé ? Il est submergé dans sa tâche d'assistance. Il lui reste à se fondre dans la société obscure
15 des bas-fonds, celle qui peuple les mauvais quartiers des villes ou qui traque le soir, sur les routes, les convois d'honnêtes marchands. La filiation de ces bandes de brigands est étonnante, depuis le Haut Moyen Âge. Ils ne disparaissent vraiment des campagnes qu'au XIXe siècle. Vagabondage et
20 brigandage sont, en dehors de toute possibilité de statistiques, la face cachée de la société française.

Que faire des délinquants ? Les enfermer, avec les mendiants et les vagabonds inoffensifs, ceux que ramassent dans les rues, le soir, les archers du guet ? Les prisons sont trop
25 rares. Alors on les exporte, on les envoie au bagne, aux galères, n'importe où. On les déporte aux colonies. On donne la chasse aux bandes organisées. On pend les vedettes, comme Cartouche, ou Mandrin, on envoie les comparses aux galères, c'est-à-dire au diable...
30 Le XIXe siècle a moins de bandits sur les bras, mais il a les prisonniers politiques, les victimes de toutes les contre-

révolutions. Il ne peut les enfermer tous dans les centrales. Il les expédie en Algérie, en Nouvelle-Calédonie, en Guyane. Combien de déportés de 1848 ou de la Commune de Paris deviennent bien malgré eux des colons d'un nouveau genre ?

Ceux que l'on ne peut exporter sans risque relèvent de la peine exemplaire, spectaculaire, celle qui se donne longtemps en spectacle, la peine de mort. Les condamnés à mort forment la chronique judiciaire continue du lugubre xixe siècle. Jamais le romantisme du condamné à mort n'a été plus fort, dans la chanson de Bruant comme dans les mélodrames de boulevard. Pourtant l'histoire vraie de ces condamnés suffit à disperser le mythe de la sanction exemplaire. Mais qui se rappelle leur histoire ?

Les marginaux, les révoltés, les laissés-pour-compte sont les cas limites qui éclairent l'évolution de la société. Il faut savoir que l'on va au bagne au xviiie siècle pour un œuf comme pour un bœuf. L'échelle des sanctions n'est pas la même qu'aujourd'hui, on n'attache pas le même prix à la vie humaine. L'importance donnée à chaque délit ou crime en dit long sur les mentalités. Le viol et l'infanticide ne sont guère punis, mais bien le vol d'un pain ou le non-paiement d'une dette. On peut encore aller en prison pour dettes il y a cent ans.

Les oubliés de la Justice sont innombrables. Ils ont fini par constituer une société parallèle, avec ses usages, ses lois, ses vedettes, sa morale, un «milieu» infiniment plus développé qu'aujourd'hui. En marge du pays légal croupit et survit, avec ses moyens propres, le pays souterrain des marginaux. On ne les connaît que par les romans populaires ou les archives judiciaires. Ils ne votent pas, ils ne payent pas d'impôts. On n'en trouve pas trace dans les archives départementales. Ces ratés innombrables de la société sont des inconnus complets pour l'Histoire. Ils ne figurent pas aux fichiers.

Mais quand on en retrouve par hasard la trace, quelle lumière ! La société se trahit par ses ratés bien plus qu'elle ne se dévoile par ses exploits. Elle réagit toujours avec netteté, parfois avec violence, contre les marginaux qui lui font perdre patience. On les voit surgir, pauvre armée d'affamés et d'illuminés, à chaque vacance du pouvoir légal. Ils sont là, présents, quand le rideau s'ouvre sur une nouvelle scène révolutionnaire. Ils disparaissent dès que l'ordre est rétabli, n'importe quel ordre. Toujours présents dans la coulisse,

[75] éternels négatifs des figurants identifiables, ces réfractaires ne doivent pas être oubliés par l'Histoire, car ils sont aussi, à leur manière, les enfants «exposés» de la société qui les exclut. Ils ont à témoigner contre elle.

Les oubliés de l'Histoire, Nathan.

QUESTIONS

1. *Dans quelle mesure, à votre avis, les « oubliés de l'histoire » font-ils, eux aussi, l'histoire ?*
2. *En étudiant le vocabulaire et certains procédés d'exposition, définissez le ton de cette page.*
3. *Quelle conception de l'histoire se dégage de ces lignes ?*
4. *A quelle exigence répond le mécanisme de l'oubli ?*

ARTHUR KOESTLER

Le snobisme

(Texte à résumer au quart.)

Je n'ai pas mentionné jusqu'ici la cause la plus apparente
et la plus répandue du snobisme : un *moi* peu sûr de lui,
affermi par le fait de se voir accepté dans la compagnie des
nobles et des puissants, qu'il s'agisse d'une élite titrée, fortu-
5 née ou artistique.

Mais cette explication du snobisme ne fait que reculer la
question. La compensation des complexes d'infériorité est
un mécanisme psychologique fondamental, [...] elle n'explique pas pourquoi le snob cherche la compensation de
10 cette façon particulière.

Dans son divertissant ouvrage sur *les Snobs,* Russel
Lynes écrit : « Le snob est, presque par définition, mal assuré
dans ses rapports sociaux (au sens le plus large) et recourt
au snobisme comme à un *massage* de son moi. Étant donné
15 que personne n'est assez sûr de soi pour que son *moi* n'ait
pas besoin, de temps en temps, de quelques manipulations
externes, il n'est guère de gens qui ne soient snobs d'une
façon ou d'une autre. » C'est sans doute vrai, mais il existe
autant de façons de « masser » son moi que d'activités
20 humaines. Depuis Démosthène, qui compensait son bégaie-
ment congénital en se forçant à parler avec des cailloux dans
la bouche et qui devint le premier orateur de la Grèce, jusqu'à Napoléon, qui racheta sa petite taille et sa basse origine
en conquérant l'Europe, le sentiment d'une insuffisance a
25 toujours constitué un puissant moteur d'ambition.

La vraie question est la suivante : pourquoi le même
besoin de compensation est-il satisfait dans tel cas par une
activité créatrice, dans tel autre par des attitudes grotesques
et stériles ? La plupart des gens ont besoin d'une certaine
30 mesure de massage de leur moi ; mais le snob réclame pour
son massage une huile extraite des oliviers qui surplombent
la Grotte Bleue de Capri.

Guidées par des principes impropres de valeurs, les
recherches du snob sont stériles et ses satisfactions illu-
35 soires. Il ne vise pas le pouvoir ; il désire seulement se frotter
à ceux qui le détiennent et se prélasser dans le reflet de leur
gloire. Un être ayant un appétit authentique de pouvoir pré-

férera être à la tête d'un groupe d'égaux qu'au dernier rang d'un groupe supérieur ; l'ambition du snob est inverse. Il pré-
40 férera être le plus humble commensal tout juste toléré à la table d'une clique enviée, plutôt qu'un membre bien accueilli du groupe auquel il appartient par nature. Il préférera habiter un placard sans air dans un hôtel de luxe, plutôt qu'une chambre avec salle de bain dans un établissement de
45 seconde catégorie ; il ne cherche pas le confort matériel qui rend le luxe désirable, mais la joie illusoire de «descendre au Ritz».

Ses plaisirs mondains sont également pervertis. Il ne cherche pas l'amour, l'amitié, la camaraderie, mais l'éclat
50 indirect et froid qu'il trouve en se voyant autorisé à partager la compagnie de l'élite. Les plaisirs du snob en matière artis- tique ne proviennent pas du tableau, mais du catalogue ; le snob intellectuel n'est pas impressionné par Kierkegaard, mais par le fait de lire l'immortel Kierkegaard. Cette perver-
55 sion des valeurs peut aller jusqu'à affecter les instincts biolo- giques du sujet, ses préférences gustatives et olfactives, ses goûts sexuels. Ses glandes génitales sont stimulées non par Boccace, mais par le *Gotha* [1], et, il y a un siècle, lorsque les huîtres et la bière brune étaient le régime des pauvres, les
60 papilles du snob fonctionnaient différemment.

Résumons-nous : les satisfactions du snob ne proviennent pas de l'objet de sa préoccupation, mais de quelque considé- ration secondaire qui y est associée ; ce sont de pseudo- satisfactions. Ses besoins sont imitatifs, ses labeurs stériles,
65 ses plaisirs frelatés, ses triomphes illusoires.

L'ombre du dinosaure, Éditions Calmann-Lévy.

QUESTIONS

1. *Quelle sorte de «perversion» représente le snobisme ?*
2. *Quel est le type social opposé au snob ? Décrivez-le.*
3. *Pourriez-vous composer un éloge du snob ?*

---

1. Annuaire généalogique et diplomatique publié à Gotha (Allemagne) en français et en allemand.

A. DUMAS

Le sens de la peine

(Ce texte est à résumer au quart.)

Longtemps, l'idée d'expiation a prédominé. Dans les conceptions qu'on se faisait de la prison, le coupable devait payer le prix de son forfait, un prix qui était à la fois redoutable, exemplaire et correctif. Les peines physiques étaient
5 courantes ; elles marquaient le détenu, constituant une sorte de casier judiciaire archaïque, qui signalait de manière publique et durable l'infamie commise. On ne partage plus aujourd'hui cette optique, parce qu'on ne croit plus que le
10 pouvoir social s'identifie aussi massivement et aussi aisément à l'ordre de la justice immuable. On a cessé, d'autre part, de voir dans l'expiation une bonne thérapeutique, étant donné les réactions d'amertume et de révolte qu'elle provoque.

En faveur de cet ordre ancien, il faut pourtant reconnaître
15 qu'en faisant payer aux détenus leur faute il leur faisait l'honneur de les tenir toujours pour des hommes libres, capables de se réhabiliter par eux-mêmes. La peine était infamante, mais elle devait théoriquement permettre à ceux qui l'avaient purgée de revenir dans la société de plein droit.
20 L'expiation est certes une notion redoutable, car elle moralise à l'extrême les situations, mais elle fournit aussi des procédures pour recouvrer la dignité perdue. Les sociétés archaïques nous apparaissent cruelles et vengeresses ; elles l'ont été effectivement, mais le sens sacré de la faute
25 implique en contrepartie le sens sacré de la conversion et de la réintégration.

De leur côté, les sociétés modernes, inspirées par l'idéal laïque et positiviste, se sont surtout attachées à leur propre défense. Elles ont cherché à rendre les criminels inoffensifs,
30 les reléguant et les repoussant au loin à partir d'un certain nombre de récidives. Elles ont estimé qu'il y avait peut-être des catégories de criminels héréditaires et irrécupérables dont on ne pouvait que limiter les conduites asociales. La peine consiste alors en une privation de liberté en tant que
35 possibilité de nuire. On ne peut plus aujourd'hui s'en tenir à cette deuxième perspective, parce que l'on voit la criminalité - ou, tout au moins, la violation des règles de la société -

s'étendre de plus en plus, et parce qu'une attitude défensive
n'est que passivité, incapacité de prévenir et de transformer.
40 Si le souci de défendre la société présente a, par rapport à
la perspective de l'expiation, l'avantage de soumettre les
contrevenants à une moralisation moins écrasante, elle a
l'inconvénient de réduire le système pénitentiaire à un
univers asilaire pour incurables ; c'est là une attitude d'au-
45 tant plus décourageante que les sociétés modernes se sont
affirmées scientifiquement progressistes.

Système pénitentiaire, *Le sens de la peine, Encyclopaedia Universalis.*

QUESTIONS

1. *Comment s'explique le passage de l'idée d'expiation à la
conception moderne de la peine ?*
2. *Que faut-il entendre par* idéal laïque ?
3. *Quels sont les inconvénients de l'idée ancienne d'expiation ? -
de* l'univers asilaire ?
4. *Quel est, exactement, le problème à résoudre ?*

GASTON BOUTHOUL

Le rôle des dirigeants dans les guerres

(Ce texte est à résumer au cinquième.)

Le rôle des dirigeants dans les guerres a donné et donne lieu à plus de controverses que celui des combattants. C'est un des problèmes les plus discutés de la sociologie que de savoir si les dirigeants ne font que suivre les impulsions et les désirs diffus des masses ou si, au contraire, ils imposent effectivement à celles-ci des vues originales.

Une première distinction s'impose : c'est celle entre la classe dirigeante et les élites. La première exerce un pouvoir de fait mais elle ne possède pas nécessairement de supériorité intellectuelle ni technique sur la masse. C'est pourquoi, d'ailleurs, la masse se reconnaît plus volontiers dans ses dirigeants que dans son élite. Au contraire l'élite diffère de la masse. Elle est composée des hommes qui possèdent des connaissances plus vastes, qui sont doués d'un esprit inventif et d'une activité supérieurs à la moyenne, mais qui le plus souvent n'exercent aucun pouvoir.

Cette distinction, qui a été posée de la façon la plus claire par Saint-Simon, permet de croire que les dirigeants suivent en général la mentalité ambiante plutôt qu'ils ne la précèdent ou la modifient. Il est incroyable, disait Tolstoï, que si une nation entière est pacifique, il suffise du caprice d'un chef ou d'une petite minorité pour l'entraîner véritablement dans une guerre. Cela était concevable, à la rigueur, à l'époque des guerres dynastiques lorsque les princes combattaient avec de petites armées de mercenaires, mais la forme élargie des conflits contemporains exige la participation cordiale, sinon enthousiaste, de l'ensemble de la nation. On peut admettre aussi que les dirigeants ne sont jamais la cause absolue d'un conflit mais que, toujours, ils ne font que répondre *au vœu secret de leur peuple*. Certes, lorsque les choses tournent mal, les dirigeants peuvent servir de bouc émissaire à la culpabilité collective. Ainsi, de nos jours, le désaveu tardif de Hitler et de Mussolini.

Mais l'histoire nous montre aussi que des chefs d'État, individuellement pacifistes et qui ont résisté aux impulsions belliqueuses ambiantes, en ont été durement punis : les réticences de Louis XVI dans la guerre de l'Indépendance

63

américaine marquent le début de son impopularité; de même le pacifisme de Louis-Philippe lors de la tension avec
40 la Prusse.

Pour l'homme d'État, la guerre est d'abord la *solution de facilité*. Lorsque la situation intérieure s'embrouille et s'envenime, rien de tel que de déclarer une guerre pour l'éclaircir. La guerre dispense de rechercher de laborieux
45 compromis, d'équilibrer des intérêts divergents. On pourrait dire, paradoxalement, que la guerre est la fin des querelles : on se bat souvent par horreur de la discussion.

La guerre est le repos des gouvernements. Même lorsqu'ils sont démocratiques elle leur permet d'imposer le
50 silence, la soumission, l'obéissance passive, des privations multiples à leurs citoyens, devenus en l'occurrence des sujets. Les élections sont suspendues et les chefs deviennent inamovibles.

La guerre, Que sais-je? Presses Universitaires de France.

QUESTIONS

1. *Dans quelle mesure peut-on dire que l'auteur nous propose ici une explication inhabituelle des origines de la guerre?*
2. *Par quels traits (de méthode) reconnaît-on dans ce texte l'analyse d'un sociologue?*
3. *Quels autres aspects la recherche des origines de la guerre met-elle généralement en lumière?*

RENÉ HUYGHE
Le signe supplée le verbe

(Ce texte est à résumer en 120 mots environ.)

Hier, on expliquait à l'individu le sens du geste qui était requis de lui ; l'avis, la pancarte l'énonçaient intelligiblement ; il s'y résolvait parce qu'il le comprenait. Aujourd'hui, on l'entraîne à répondre par un geste rapide et
5 escompté à une sensation convenue.

Il n'y a pas si longtemps qu'à l'entrée de chaque village, l'automobiliste pouvait encore apprendre en vertu de quel arrêté municipal il était prescrit de ne point dépasser une vitesse déterminée, et d'ailleurs modeste ! Ailleurs, le silence
10 était sollicité et le motif - un hôpital, une clinique - en était expliqué. Depuis, le Code de la Route n'a plus voulu connaître et faire connaître que des lignes, des silhouettes condensées tenant lieu d'injonctions : un S dressé comme un serpent ? Le tournant est proche ! Deux ombres chinoises
15 simplifiées se tenant par la main ? Attention à l'école !

Le signe fait balle sur la rétine. A coup sûr, cette carcasse fracassée et incendiée d'automobile qu'aux États-Unis on a parfois eu l'idée de hisser sur un socle de ciment, au bord des routes où l'excès de vitesse est courant, entraîne la pres-
20 sion du pied sur le frein bien plus sûrement qu'un long discours, plus rapidement même que la tête de mort par quoi ailleurs le danger est notifié. Encore y a-t-il là évocation intelligible !

Notre vie s'organise autour de sensations élémentaires,
25 sonnerie, feu rouge, ou vert, barre sur un disque coloré, etc., qui, par un incroyable dressage, commandent des actes appropriés.

Domaine de la rue, collectif par destination, dira-t-on. Qu'à cela ne tienne ! Franchissons le mur de la vie privée, de
30 la vie la plus privée, celui du cabinet de toilette. Il n'y a pas si longtemps que le confort «victorien» prévoyait deux robinets, où se lisaient les mots «chauds» et «froids», correspondant à une idée fort indigente, mais enfin à une idée. L'homme pressé entend en faire l'économie. C'est alors
35 que le mot devient signe, en s'abrégeant : deux lettres C et F suffisent. Cet appel même modéré aux facultés raisonnantes était sans doute encore excessif, car, depuis quelques années, deux taches, une rouge et une bleue, l'ont supplanté. Leur compréhension ne passe plus par les mêmes voies ; elle
40 emprunte désormais celles de la sensation : le rouge, lié à

l'apparence du feu, du métal en fusion, est couleur chaude ; le bleu est couleur froide, celle de l'eau, de la glace. Ces indicatifs n'ont que faire de la pensée : un audacieux court-circuit leur permet de ne plus l'emprunter et d'établir une
45 connexion directe entre la sensation perçue et l'action conséquente.

Les mots, les mots tout-puissants de la civilisation du livre cèdent au vertige général : ils abdiquent, ils se recroquevillent, ils passent à l'ennemi. On pourrait suivre à
50 travers l'Histoire cette contraction progressive de la pensée, reine jadis de cette civilisation du livre qui décline aujourd'hui : la phrase du xviie siècle est longue, à périodes ; c'est l'époque du développement, de la dissertation, où la pensée vise sans cesse à s'amplifier par la forme qui l'exprime, jus-
55 qu'à atteindre parfois une certaine redondance.

Le xviiie siècle, au contraire, scinde, abrège, aboutit à la phrase « voltairienne », où se forgent la langue moderne et sa concision. En effet, au xviiie siècle, et surtout sous l'influence de l'Angleterre, première terre du machinisme, ne
60 l'oublions pas, le primat de la sensation sur la pensée commença à s'affirmer. Alors aux philosophies abstraites et raisonnantes se substituèrent les philosophies sensualistes qui firent dériver tout l'être humain de la sensation. Il suffit d'évoquer Locke, Hume et la diffusion énorme de leurs doc-
65 trines, qui retentirent sur toute l'Europe et dont le xixe siècle, créateur de la « psychologie des sensations », fut tributaire.

Il appartenait au xxe siècle de créer la compression artificielle du texte dans ces revues spécialisées que sont les « Digests », où les originaux sont livrés à des équipes non
70 plus de rédacteurs, mais de réducteurs. Depuis, la grande presse a répandu l'usage des *pictures,* où l'adjonction d'images permet de ne garder que quelques phrases ramenées à leur plus simple expression, procédé jusque-là réservé aux journaux d'enfants.
75 L'exposé de la pensée, parallèlement, perd ses caractères discursifs pour produire des effets plus soudains, plus proches de la sensation ; fuyant la glose, il vise davantage au concentré pour parvenir à cette forme moderne, le slogan, où la notion incluse, à force de se ramasser, en arrive à
80 imiter l'effet d'un choc sensoriel et son automatisme. La phrase glisse au heurt visuel. Stéréotypée, elle ne demande plus à être comprise, mais seulement reconnue.

Dialogue avec le visible, Flammarion.

MARCEL SCHNEIDER
Le réel fantastique

(Ce texte est à résumer en 160 mots.)

Dans ce monde où la vie de société, devenue l'ombre d'elle-même, renvoie chacun à la solitude, le roman réaliste qui depuis le dix-neuvième siècle tenait le haut du pavé commence à lasser le public. On lui a fourni tant de tranches
5 de vie coupées net et bien saignantes, tant d'inventaires et de «constats», bref tant de réalité qu'il en a par-dessus la tête. Le renouveau du fantastique et l'essor de ces utopies scientifiques, dernière revendication de l'imaginaire, en témoignent. La grisaille, la lourdeur des romans réalistes,
10 aggravées par l'abondance de détails oiseux, de dialogues balbutiants qui donnent au lecteur l'impression de vivre parmi les arriérés, la lenteur des développements provoquent la nausée.

Le réalisme se présente comme la vérité, ce qui revient à
15 présenter le fantastique, qui est son contraire, comme le mensonge. Réalisme et fantastique, qui ne sont pas des catégories morales, ne ressortissent pas à la vérité : c'est sur le beau et le laid, non sur le vrai et le faux, qu'il faut porter le débat. Car réalisme et fantastique traitent de la même
20 réalité, l'homme avec ses passions, ses terreurs et ses rêves. Ils s'opposent l'un à l'autre sur les moyens d'expression et les conceptions esthétiques, mais non sur le fond du problème. Dira-t-on que Monet ou Renoir ont moins connu la nature que Chardin ou Courbet parce qu'ils ont peint les
25 ombres avec des gammes de bleu? L'imposture du réalisme à faire accroire qu'il décrit seul la réalité n'a que trop duré. La formule «le réalisme, c'est la vérité» flatte les esprits occidentaux toujours enclins à confondre la morale avec l'art. Il faut qu'il laisse la vérité tranquille. Elle ne lui
30 appartient pas. La confusion s'accentue quand on ne met pas en garde les lecteurs qu'il n'y a aucun rapport entre le réalisme au sens théologique ou philosophique du terme, dans l'œuvre de saint Thomas ou de Bossuet par exemple, et le réalisme de Flaubert ou de Tolstoï.

35 Accuser le fantastique de mensonge, c'est le désigner à la réprobation publique comme le mal. C'est l'assimiler à la magie, à la sorcellerie, aux pratiques criminelles. Les gens aiment à soupçonner de diablerie l'artiste qui se singularise : en 1840, n'a-t-on pas refusé la sépulture chrétienne à
40 Paganini coupable d'avoir composé *le Trille du diable?* Sa

longue silhouette, sa figure de vampire, la confondante agilité de ses doigts, tout l'accusait; il avait sûrement signé un pacte maudit. Il faut dire que le diable a un faible pour le violon, les légendes sont d'accord sur ce point. Ceux qui [45] jouent de cet instrument sont ses victimes désignées. Et aussi, ceux qui composent de la musique. A défaut d'une tentation où l'artiste se voit offrir les biens de ce monde en échange de son âme, on peut n'être visité que par un rêve. Cela est arrivé à Stravinski justement pendant qu'il écrivait [50] la musique de l'*Histoire du soldat* où Ramuz a raconté les aventures d'un soldat qui joue du violon et que le Démon séduit. Est-ce l'effet du hasard que Stravinski, une unique fois de sa vie, ait pu retenir ce que l'Autre lui a soufflé? «La musique s'est parfois présentée à moi dans mes rêves, lit-on [55] dans ses *Entretiens avec Robert Craft*, mais je n'ai pu la noter qu'une seule fois. C'était pendant que j'écrivais l'*Histoire du soldat* et le résultat m'a surpris et charmé. J'ai non seulement entrevu la musique, mais encore l'exécutant. C'était une jeune bohémienne, assise au bord d'une route. [60] Elle avait un enfant sur les genoux et elle jouait du violon pour l'amuser. Le motif qu'elle répétait sans cesse était donné avec toute la longueur de l'archet. La musique ravissait l'enfant et il applaudissait de ses petites mains. Elle me ravissait moi aussi, j'ai eu la joie de pouvoir la retenir et [65] j'ai intégré le motif dans mon *Concertino pour quatuor à cordes*.»

Le fantastique constitue un moyen efficace pour exprimer des conceptions que la philosophie et la morale analyseraient fort bien à leur manière, mais dans un langage [70] si particulier qu'il faut l'apprendre comme un idiome étranger. Le fantastique, par des images et des symboles qui s'adressent à tous, permet de porter à la connaissance d'autrui ce que l'on recèle en soi. Nos anges et nos démons, nos terreurs et nos merveilles, tout prend figure sur l'écran [75] imaginaire tendu devant nous.

Déjà la neige, précédé de *Discours du fantastique,* Grasset, 1972.

QUESTIONS

1. *En quoi consiste l'imposture du «réalisme»?*
2. *Quels sont les préjugés qui détournent du genre fantastique?*
3. *Quels rapports entretiennent le fantastique et l'imagination?*

BERNARD DORIVAL

L'Impressionnisme

(Aucune indication n'est donnée sur la longueur du résumé demandé.)

L'Impressionnisme apparaît comme l'aboutissement de deux tendances fondamentales du XIXe siècle : l'exaspération de l'individu, d'un côté, qui ne croit en la valeur et la vérité que de ses expériences et de sa sincérité, et le goût, d'autre part, de la confidence qui, plus que l'œuvre achevée, permet de pénétrer dans l'intimité de l'auteur. Mais cet art si subjectif est aussi une peinture d'une objectivité résolue. Le peintre impressionniste est un homme pour qui le monde extérieur existe, et qui veut le peindre tel qu'il est... Le réel, pour lui, c'est, avant tout, l'air lumineux - cette atmosphère et cette lumière à l'analyse desquelles ses champions consacrent une attention si passionnée qu'ils introduisent deux nouveautés dans le métier de peindre : refusant de se fier à leur mémoire, ils préfèrent travailler sur le motif et ce motif étant fréquemment un paysage, c'est en plein air qu'ils aiment œuvrer, face à face avec la nature et en communion avec elle. Or voici qu'à la regarder, avec une acuité qu'on a rarement atteinte, ils s'avisent de la place éminente, primordiale, que tient l'air traversé par les rayons de la lumière. Le peindre dans sa vérité, tel devient leur premier objet : ce qui les conduit à prendre conscience de l'impossibilité où ils sont de se servir des moyens traditionnels. Ce pommier en fleurs dans une prairie que dore le soleil couchant, je ne peux pas le peindre dans sa vérité en mélangeant sur une palette du blanc rosé, du vert et du jaune : de leur mélange naît, en effet, un brun terne, sans rapport avec ce blanc vert et doré que je veux retrouver. Un seul moyen pour y parvenir : juxtaposer de petites touches de blanc, de vert pur et de jaune et laisser à la rétine du spectateur le soin d'opérer la synthèse. Le mélange optique se substitue au mélange pigmentaire, permettant de restituer la couleur vraie des objets, de la lumière et des reflets, et conduisant à une technique toute nouvelle : celle de la touche divisée... qui assure au paysage cette vibration même qu'il possède à nos yeux, quand, par une belle journée de printemps ou d'été, l'air, devenu visible, semble ondoyer comme une eau légère... Les Impression-

nistes avaient besoin de sentir leurs audaces autorisées par la science, dont, en hommes de leur temps, ils ont le culte...
Attentifs aux travaux de Chevreul sur les couleurs, s'ils ont
40 osé diviser les tons et peindre colorées ces ombres, que la cécité du public voit noires mais que la science sait bleues, violettes, vertes ou rouges, c'est parce qu'elle les y autorisait, et qu'ils avaient foi dans ses trouvailles et sa vérité...
L'Impressionnisme ne chérit, ne conçoit, ne voit qu'un
45 monde en devenir...

Histoire de l'art, tome III, Encyclopédie de la Pléiade, Gallimard.

QUESTIONS

1. *Expliquez les mots ou expressions :* subjectif *(ligne 6),* objectivité *(ligne 7),* synthèse *(ligne 29),* touche divisée *(ligne 33).*
2. *Connaissez-vous des gens pour lesquels le monde extérieur n'existe pas (ligne 8)?*
3. *Dégagez la structure (ou faites l'analyse logique) de la phrase des lignes 39 à 43.*
4. *Quel genre de peinture vous plaît surtout? Pourquoi?*

Le mensonge vital

(Ce texte est à résumer au quart.)

...L'être humain a acquis une propriété particulière, que
les autres êtres vivants ne possèdent qu'à un degré beaucoup
moindre, à savoir l'aptitude à prévoir. La prévision est un
instrument d'une efficacité incontestable dans la lutte pour
5 la vie, puisqu'elle nous permet de modifier soit le déroule-
ment même des événements, soit notre conduite par rapport à ceux-ci, et d'échapper, dans un cas comme dans
l'autre, à l'impact pur et simple de ces événements. Mais s'il
est vrai que cette aptitude à prévoir ait accru notre puis-
10 sance, et qu'elle constitue un des fondements principaux de
ce que l'on peut appeler notre liberté, elle n'a pas réduit pour
autant notre inquiétude. D'une part, en effet, la *possibilité* de
prévoir s'est érigée, peu à peu, en une sorte d'obsession :
nous sommes devenus incapables de vivre dans le présent,
15 nous passons notre temps et notre énergie à nous demander
de quoi les phénomènes actuels sont les signes précurseurs,
et à organiser nos actes en fonction de buts à venir. D'autre
part, il y a un phénomène que la prévision ne nous a pas
encore permis d'éliminer, c'est la mort ; nous l'avons maî-
20 trisée dans une petite mesure, car nous avons réduit la mor-
talité infantile, annihilé, ou presque, les effets des épidémies,
et accru la durée moyenne de la vie, mais s'il est vrai que le
chemin ait ainsi été allongé et élargi, la mort reste au bout.
Et il y a quelque chose de dérisoire, pour un être qui passe
25 son temps à prévoir et à organiser ses actes les uns par rapport aux autres, comme s'il devait atteindre un but, à
déboucher ainsi sur le néant. Ainsi la prévision a eu des
effets, pour ainsi dire, imprévus : en nous obligeant à envi-
sager la mort, sans nous donner, jusqu'ici, les moyens de la
30 supprimer, elle entretient notre inquiétude, autant, et peut-
être plus, qu'elle ne l'apaise.

Mais c'est ici qu'intervient le curieux phénomène du mensonge vital : lorsque l'être humain faiblit, il utilise l'énergie
qui lui reste à se *représenter* une vie plus vaillante, ou plus
35 valable ; il imagine sa guérison, ou à défaut, sa béatification ; et parfois, pendant qu'il se rassure ainsi, ses forces
reprennent le dessus, ou bien les circonstances deviennent
plus favorables, de sorte que sa vie présente de nouveau

quelque attrait par elle-même : elle se nourrira alors, comme
40 avant la crise, de ses échanges avec l'univers. En bref, en cas
de faiblesse, la prévision et la reconnaissance du danger
tendent à s'effacer au profit de l'imagination, et la vie se
relance elle-même, simplement, semble-t-il, parce qu'il est
dans sa nature de le faire. Au pire, la mort elle-même de-
45 viendra tolérable, dans la mesure où elle sera imaginée
comme un passage, et non comme une destruction radicale.

   Le mensonge vital apparaît donc comme l'antidote de la
prévision : l'homme se ment à lui-même afin de compenser
les effets de la prévision, lorsque ceux-ci deviennent dépri-
50 mants.

Les fondements du mensonge, Flammarion.

QUESTIONS

1. *Comment s'explique notre obsession de l'avenir? Pouvez-vous en donner des exemples concrets?*
2. *Quel est le but du* mensonge vital *décrit par l'auteur?*
3. *Que signifie la formule :* la vie se relance elle-même?
4. *Expliquez les mots :* précurseurs *(ligne 16),* béatification *(ligne 35),* antidote *(ligne 47).*
5. *Vous commenterez le rapprochement du mensonge et de l'imagination qu'opère l'auteur dans la dernière partie du texte.*

JEAN CAZENEUVE

La femme combat pour son bonheur

(Ce texte est à résumer en 120 mots environ.)

Aujourd'hui, toutes armes dehors, la femme combat pour son bonheur à elle, qui est d'aimer et d'être aimée, charnellement, maritalement, pour son plaisir. Voyez les stars de cinéma. On croirait qu'elles sont en train d'inventer l'éro-
5 tisme. Non, ce n'est pas exactement cela. Elles en font quelque chose de nouveau, où la femme se propose de devenir l'essentiel. Est-ce à dire qu'elles cessent totalement d'être des objets de plaisir? Ce n'est pas cela non plus. Mais elles se montrent plutôt comme objets de convoitise que de pos-
10 session. L'homme, s'il veut goûter les joies de l'amour avec ces poupées de sex-appeal, doit savoir leur plaire et tenir compte de leur plaisir. Mieux : de leur bonheur. Voilà l'élément original de la nouvelle vague de féminisation.

La littérature, principalement celle des romancières, qui
15 se taillent une place de choix, en apporte le témoignage sans pudeur. Dans un remarquable article consacré à quelques échantillons de ce genre, et dont le titre est significatif [1], Jeanne Galzy tire crûment la leçon d'un changement d'attitude qu'il est impossible de ne pas voir. Les écrivains, eux,
20 n'ont pas été prompts à enregistrer cette révolution, mais leurs consœurs ont déjà saisi le thème nouveau. «On a eu la littérature du mâle abusif, à présent on aura celle de la femme abusive. Les rôles sont renversés. L'homme n'impose plus rien. Il exécute, le voici, le pauvre, forcé de n'avoir ni
25 défaillance ni retranchement. Pas même le temps d'une maladie. Pas même celui d'une agonie. S'il ne sert plus, on le remplace... Après la femme servante, voici l'homme domestique et savamment domestiqué.»

C'est l'Amérique, tout le monde le sait, qui fut l'initia-
30 trice de cet étonnant bouleversement, comme elle est aussi à la tête dans la recherche du confort et dans l'expansion des moyens de diffusion massive : cinéma, télévision, magazines. L'Europe suit avec quelque retard. «Les femmes américaines, a dit un humoriste anglais, exigent de leurs maris la
35 perfection que les femmes anglaises s'attendent à trouver seulement chez leurs maîtres d'hôtel.» Il est possible que des

---

1. Jeanne Galzy, *L'homme-objet*, dans *Les Nouvelles littéraires*, 16 août 1962.

circonstances démographiques particulières aient favorisé aux États-Unis la remarquable emprise du beau sexe dans la société. Les pionniers du Far West avaient peu de femmes
40 avec eux. La loi de l'offre et de la demande, renforcée par une certaine aptitude au chantage, a donc pu jouer au profit des filles d'Ève. Et maintenant, les statistiques montrent que les maris vivent en moyenne moins longtemps que leurs épouses, de sorte que les riches veuves ont entre leurs mains
45 une bonne partie du capital national : le nerf de la guerre. Elles ont aussi la possibilité de divorcer souvent et leurs époux délaissés leur versent de copieuses pensions alimentaires, ce qui contribue encore à appauvrir relativement les lions superbes et généreux.
50 Mais cela n'explique pas tout. La culture de masse, qui donne la prime au spectaculaire, a fait le reste. Là, vraiment, la femme est reine. On comprend que le culte des stars soit célébré avec autant de zèle par les midinettes que par les hommes, et l'on aurait tort de soupçonner dans ce com-
55 portement quelque tendance homosexuelle cachée. Ces vedettes aux cheveux platinés, aux lèvres offertes, aux formes tentatrices, ce sont les porte-drapeau de toute la gent féminine. Elles en soutiennent les espérances et méritent bien sa reconnaissance.
60 Le mâle est soumis à une sorte de cure obsessionnelle, il est intoxiqué par les images les plus suggestives. Les cover-girls lui sourient dans chaque journal. Dans la rue, sur les murs, des jambes indiscutables accrochent son regard, sous prétexte de vanter les mérites d'une marque de bas, ou bien
65 des seins insolents se donnent pour alibi la publicité d'un soutien-gorge. Même s'il évite les cabarets et leur strip-tease insistant, il verra bien, au cinéma, comment sont distillées les beautés mal cachées des vedettes les plus capiteuses. L'érotisme est partout, et toujours pour diviniser la femme et
70 faire d'elle l'essentiel. Ce n'est pas seulement à l'amour qu'on provoque l'homme, mais à l'amour tel que le veut et le choisit la femme.

Bonheur et civilisation, coll. Idées, Gallimard.

PIERRE GASCAR

Dénaturation de l'animal

(Ce texte est à résumer au sixième.)

Nous altérons plus ou moins ce que nous protégeons ;
nous ne cessons jamais tout à fait de nuire aux êtres vivants
que nous nous employons à défendre contre nous-mêmes,
non pas contre nos mauvais penchants, mais contre notre
5 nombre et les formes les plus légitimes du progrès humain.
Notre présence et notre civilisation influent désormais sur la
vie de l'animal, quel qu'il soit. Il n'est pas aujourd'hui une
seule espèce qui se trouve à l'abri des diverses manifesta-
tions de notre existence, des effets de nos inventions. La
10 faune de la brousse africaine voit et entend chaque jour des
avions, des hélicoptères ou les véhicules automobiles des
amateurs de safaris. Dans nos pays, les animaux vivant en
liberté au fond des forêts ou au plus secret de nos campagnes sont constamment assaillis par le bruit des moteurs
15 de voitures, par celui des engins mécaniques dont la masse,
peinte de couleurs vives, crève le paysage, et les tirs de
mines, sur les chantiers, dans les carrières, le bang des
avions supersoniques ne leur laissent guère le temps de nous
oublier. Lorsque leur sédentarité naturelle ou l'incapacité
20 physique dans laquelle ils se trouvent de changer d'endroit
les empêche de fuir ces intrusions indirectes de l'homme, les
animaux développent des facultés d'adaptation. Leur sensibilité semble devenir sélective ; leurs réflexes de peur cessent
de relever d'un pur automatisme ; certains de leurs moyens
25 d'information se modifient. On peut se demander si cette
adaptation était prévue dans le destin, le projet d'évolution
de l'espèce, et ne constitue pas une perversion. Il se pourrait
que l'établissement spontané d'un *modus vivendi* permettant
la coexistence de l'homme d'aujourd'hui et de l'animal
30 impose à ce dernier l'abandon de certains de ses caractères
originaux, en un mot, une dénaturation.

La domestication, qui, depuis des millénaires, a placé
l'animal dans des conditions de vie la plupart du temps
contre nature, fait apparaître une modification des carac-
35 tères de ce dernier, modification qui n'est pas entièrement
due au dressage auquel l'homme l'a soumis, mais d'abord au
mode d'existence dont son maître subit comme lui les effets.
Non seulement le chien ou le cheval a beaucoup appris de

nous, à vivre en notre compagnie, mais il a, en même temps,
40 cessé de vivre l'aventure animale et a dévié de sa ligne d'évolution. Il ne nous prend pas comme modèle ; il se trouve
simplement compromis, dévoyé, placé dans un état d'in-
détermination assez semblable à celui qui, à la suite d'on ne
sait quel accident, semble, dans l'histoire des espèces, être le
45 point de départ de l'hominisation. En un mot, l'animal qui,
aujourd'hui, lorsqu'il n'est pas directement domestiqué par
l'homme, l'est à distance par notre civilisation, apparaît
arraché à son destin initial, disponible et porté à nous
rejoindre. Si Sarah, la guenon du laboratoire de l'Université
50 du Colorado qui manipule intelligemment environ 130 mots
représentés par des jetons de formes diverses, s'exprime
aussi bien, si les dauphins du Centre d'études de la marine
française sont apparemment en mesure de l'imiter (il s'agit
de trouver un code), c'est sans doute, en partie, parce que
55 l'homme est, depuis longtemps déjà, intervenu et intervient
de plus en plus, de mille façons, dans la vie des singes,
comme, avec ses innombrables engins marins, dans celle des
dauphins. Cette dénaturation qui conduirait l'animal à se
tourner vers nous, bien malgré lui, l'humanisation, sinon
60 l'hominisation, restant la seule issue possible, lorsque l'ani-
malité est gênée, freinée dans son évolution, expliquerait la
place de plus en plus importante qu'il tient dans notre vie
affective. Au-delà de ce que nous pouvons percevoir
consciemment chez l'animal, dans ses yeux éclairés par
65 l'amitié et l'intelligence, peut-être découvrons-nous, sans
pouvoir nous le formuler à nous-mêmes, les signes d'un
désarroi, le désir de nous rejoindre dans ce que nous
sommes.

L'homme et l'animal, Albin Michel.

QUESTIONS

1. *Quelle différence y a-t-il entre* humanisation *et* hominisation
(lignes 59-60) ?
2. *Avez-vous l'expérience personnelle de l'affection pour un
animal ou pour des animaux ? Si oui, essayez de la faire saisir à
quelqu'un qui ne la connaîtrait pas. Si non, essayez d'imaginer
ce qu'elle peut être.*

MARCEL BRION

(Résumer ce texte au sixième, et lui donner un titre.)

Le passage de la figure à l'abstraction se produit d'ordinaire lorsque, pour des raisons intellectuelles ou spirituelles ou magiques, le *naturalisme,* c'est-à-dire la représentation des choses telles qu'elles sont ou telles que nous les voyons
5 (dans la mentalité humaine, cela revient au même le plus souvent), apparaît comme une solution vulgaire ou paresseuse. L'instinct d'imitation qui peut pousser l'artiste à reproduire exactement est remplacé par un véritable instinct de création, création dans laquelle l'homme puise tant de
10 joie et d'orgueil que, tout naturellement, l'ambition lui vient d'une création autonome, qui ne part pas de ce qui a déjà été créé. Pourquoi créer des objets qui existent déjà? Puisque ces choses sont, est-il utile de les peindre? Cette question qui vient tout naturellement à l'esprit de l'homme, surtout
15 lorsque l'effort naturaliste est arrivé à la lassitude, à la satiété, à la saturation, est souvent à l'origine de l'abstraction et puisque toute volonté créatrice est toujours une interprétation de la nature, et non une simple reproduction, il est naturel aussi que l'artiste apporte, dans ses représentations,
20 un élément de liberté de vision et de création; qu'au lieu de se considérer encore comme l'interprète modeste, fidèle, du réel, il regarde le réel comme un vocabulaire dont il lui est permis d'user pour composer des combinaisons nouvelles; qu'il déforme à son gré, et selon les réclamations de son
25 intelligence ou de son sentiment, les formes données.

Le donné devient alors un simple point de départ, où l'instinct de non-naturalisme, aussi important et aussi général que l'instinct naturaliste, composerait, en partant du réel, des figures irréelles, qui, si le processus était porté à
30 l'extrême, deviendraient aisément des formes abstraites, des *non-figures.* Ce processus de dénaturalisation use de toutes les ressources que fournit l'esprit de stylisation, de schématisation, de déformation, et peut aboutir à une forme dans laquelle ne subsiste presque aucune trace de la figure initiale.
35 Le moment vient enfin où toute allusion à cette figure a complètement disparu : à ce moment-là il est permis de dire que le passage du figuratif à l'abstrait est terminé, et que la forme qui vient de naître est, dans ses composantes et dans son esprit, une forme abstraite.

Art abstrait, Albin Michel, 1956.

THOMAS NARCEJAC

Le merveilleux moderne

(Aucune indication n'est donnée sur la longueur du résumé demandé.)

La littérature d'imagination a une fonction de compensation. Elle sauve les droits de l'étrange, sans cesse compromis par les conquêtes de la raison. Il faudrait, ici, entreprendre une analyse complète des structures de l'imaginaire, ce
5 qui est impossible. Mais il est facile d'en esquisser un signalement sommaire. Et d'abord l'imagination est de nature magique. Ce peuplier que j'imagine, au bord de cette rivière que j'imagine, est plus vrai, pour moi, que le vrai peuplier qui se dresse au bord de la vraie rivière. Car le premier,
10 je sais comment il est fait puisque c'est moi qui l'ai créé. Illusion? Pas du tout. Ce qui compte, c'est ce pouvoir démiurgique grâce auquel j'ai l'impression de posséder les choses et dans leur apparence, puisque je me les oppose, et dans leur intérieur, puisque je les modifie à mon gré. Mes
15 images, en ce sens, se nourrissent de moi; leur âme, leur vie, leur «dedans», tout cela est constitué par mes propres sentiments. Je me prête à elles avec toute ma sensibilité et elles se gonflent de mes désirs et de mes haines. L'image, c'est du «subjectif-objectif»; il n'y a pas d'autre définition de la
20 magie.

L'imagination va donc tout naturellement à produire des mythes. Les mythes corrigent en quelque sorte le réel. Celui-ci a besoin d'être irrigué par le rêve. Réduit à une interaction mécanique de causes et d'effets, il paraît faux et déce-
25 vant. L'imagination postule, derrière le déterminisme, un arrangement plus souple de la causalité, plus conforme aux aspirations de notre cœur; le monde devient une aventure, dominée par la lutte du bien et du mal. Le risque et la peur engendrent le roman d'imagination.
30 Pendant des siècles, le roman d'aventure a conservé l'allure d'une légende ou d'une féerie parce que l'imagination de nos ancêtres, n'étant pas contrôlée par une raison toute pénétrée du sens de la preuve, a confondu l'impossible avec l'interdit. Mais, peu à peu, l'expérience a fait reculer le
35 domaine du fabuleux. Les dieux ont déserté la terre. Restait du moins la terre à conquérir. Le preux, la dame et le félon,

figures éternelles de l'Aventure, se rapprochaient des mortels. Vint le moment où l'étrange lui-même fut mis en question, où la magie devint suspecte, où l'imagination dut
40 cesser de prendre au sérieux ses propres créations. Ce qui prit fin, alors, fut le merveilleux naïf. Mais le triomphe même de la raison rendit possible un autre merveilleux, lucide celui-là, et raffiné, le merveilleux logique. On s'avisa qu'il y avait, peut-être, un usage dangereux de l'intelligence et le
45 roman d'aventure se mua en roman policier.

En effet, c'est la logique qui crée le merveilleux moderne, car c'est lui qui pose les problèmes. Si l'imagination ne s'appuyait pas sur le raisonnement, elle ne serait à aucun degré la faculté de l'étonnement. L'étonnement s'exerce sur des
50 énigmes fines. La devise de l'homme qui sait s'étonner est qu'il ne faut pas se fier aux apparences. Rien n'est sûr tant qu'on n'a pas compris. La sécurité est liée à l'explication. En ce sens, la logique est un «talisman». Elle seule prévoit les surprises et les dangers, quand on l'applique à l'action. C'est
55 elle qui, la première, sollicite l'étrange et le défie. C'est elle qui le formule pour mieux l'exorciser. Mais, du même coup, la logique suscite l'angoisse qu'elle a ensuite mission d'apaiser. Elle pressent des menaces, repère des complots là où, cependant, la nature et la société semblent parfaitement
60 tranquilles et pacifiques. Elle détecte, en un mot, les intentions cachées et, par ce biais, renouvelle la magie, car, en devenant exigeante, la raison s'est faite, en quelque sorte, un agent d'inquiétude ; ces remarques mettent en évidence la nature du roman policier.
65 Du roman d'aventure, il conserve les personnages et le conflit fondamental qui oppose le bien au mal. Le duel est la donnée profonde, nécessaire, du roman policier comme elle était celle du roman d'aventure. Non pas duel, il importe de le souligner, entre le policier et le lecteur, mais entre le
70 détective et les puissances du mal. Du roman d'aventure, il conserve aussi l'élément magique, mais en l'élaborant d'une manière nouvelle. Le raisonnement s'intègre à la fiction dans la mesure même où c'est lui qui crée et dénoue le mystère.

Le dépaysement qu'obtenait le roman d'aventure naïf en
75 plaçant son lecteur dans un décor conventionnel, le roman policier le réalise plus simplement, plus fortement, en suggérant que les objets familiers sont des masques. Et cette suggestion est d'autant plus puissante que c'est le raisonnement qui l'impose. Il n'y a plus moyen d'échapper à l'envoûtement
80 du récit, de prendre du recul, d'en appeler à l'esprit critique.

C'est l'esprit critique qui nous prouve que nous devons être
en garde, que la maison n'est pas barricadée au point que le
criminel ne puisse s'y introduire, que la chambre close lais-
sera pénétrer l'assassin. Nous devenons les artisans émer-
85 veillés de notre propre panique. La volonté perverse d'un
tueur habile a réalisé ce que la mythologie n'avait su obtenir : une bouleversante prolifération d'obscures divinités
métamorphosant sous nos yeux les choses les plus prosaï-
ques. Le stylo est un poignard et la corde, un serpent. Ainsi,
90 le roman policier, grâce à notre crédulité que la science n'a
pas réussi à réduire mais qu'elle a dotée d'une méthode, par-
vient à faire sortir la peur de la réflexion et la magie de la
volonté de comprendre. Et l'angoisse est devenue poésie ! En
effet, quand nous découvrons la foncière duplicité des
95 choses, leur aspect innocent et quotidien et ensuite leur
aspect secret et symbolique, par exemple le rond-point bai-
gné de lune qui, en même temps, est le rond-point-où-a-dis-
paru-l'assassin, nous les voyons alors avec une fraîcheur,
une intensité dont notre regard est habituellement privé.
100 Jamais le monde n'est plus vivant, plus pathétique que lorsqu'il a couvert la fuite du meurtrier. Le moindre détail demeure, dans notre mémoire, significatif et inoubliable. Au
moment où la balle a sifflé, où le couteau a vibré, les choses
que regardait le lecteur se sont brusquement fixées en une
105 sorte d'éternité ; entre elles et lui une communication s'est
établie qui enrichit la fiction de toutes les ressources d'un
lyrisme diffus, brut, mais enraciné dans le cœur même de
l'être. Le roman policier est paré de tous les feux du merveilleux, mais ce merveilleux est d'essence logique. Il convient à
110 une imagination qui n'a pas renoncé à sa fonction fabu-
latrice mais qui a été instruite par la raison et connaît,
désormais, les limites du plausible et du vraisemblable. La
magie ne pourra plus se passer de la méthode ; elle en sera la
mélodie.

Roman policier, Histoire des Littératures, tome III,
Encyclopédie de la Pléiade, Gallimard.

QUESTIONS

1. *Quels pouvoirs l'auteur attribue-t-il à l'imagination ?*

2. *De quelle manière s'opère le passage du roman d'aventure
au roman policier ? Pourquoi celui-ci semble-t-il réaliser un
«progrès» sur le précédent, selon l'auteur ?*

3. *Quels sont, d'après ce texte, les éléments de la curiosité qui
anime le lecteur de romans ?*

MARTHE ROBERT

L'impérialisme du roman

(Ce texte est à résumer au huitième.)

La fortune extraordinaire qu'il a connue en si peu de temps c'est vraiment en parvenu que le roman l'a gagnée, car, à y regarder de près, il la doit surtout à ses conquêtes sur les territoires de ses voisins, qu'il a patiemment absorbés
5 jusqu'à réduire presque tout le domaine littéraire à l'état de colonie. Passé du rang de genre mineur et décrié à une puissance probablement sans précédent, il est maintenant à peu près seul à régner dans la vie littéraire, une vie qui s'est laissée façonner par son esthétique et qui, de plus en plus,
10 dépend économiquement de son succès. Avec cette liberté du conquérant dont la seule loi est l'expansion indéfinie, le roman, qui a aboli une fois pour toutes les anciennes castes littéraires — celles des genres classiques —, s'approprie toutes les formes d'expression, exploite à son profit tous les
15 procédés sans même être tenu d'en justifier l'emploi. Et parallèlement à cette dilapidation du capital littéraire accumulé par les siècles, il s'empare de secteurs de plus en plus vastes de l'expérience humaine, dont il se targue souvent d'avoir une connaissance approfondie et dont il donne une
20 reproduction, tantôt en la saisissant directement, tantôt en l'interprétant à la façon du moraliste, de l'historien, du théologien, voire du philosophe et du savant. Semblable par bien des traits à la société impérialiste où il est né (son esprit d'aventure est toujours un peu celui de Robinson,
25 lequel ne transforme pas par hasard son île déserte en colonie), il tend irrésistiblement à l'universel, à l'absolu, au tout des choses et de la pensée ; par là sans aucun doute il uniformise et nivelle la littérature, mais d'un autre côté, il lui four-

81

nit des débouchés inépuisables puisqu'il n'y a rien dont il ne
³⁰ puisse traiter. Genre révolutionnaire et bourgeois, démocratique par choix et animé d'un esprit totalitaire qui le pousse à briser entraves et frontières, le roman est libre, libre jusqu'à l'arbitraire et au dernier degré de l'anarchie. Paradoxalement, toutefois, cette liberté sans contrepartie n'est pas
³⁵ sans rappeler beaucoup celle du parasite, car par une nécessité de sa nature, il vit tout à la fois aux frais des formes écrites et aux dépens des choses réelles dont il prétend «rendre» la vérité. Et ce double parasitisme, loin qu'il restreigne ses possibilités d'action, semble accroître ses forces
⁴⁰ et reculer encore ses limites.

La fortune historique du roman tient évidemment aux privilèges exorbitants que la littérature et la réalité lui ont concédés toutes deux avec la même générosité. De la littérature, le roman fait rigoureusement ce qu'il veut : rien ne
⁴⁵ l'empêche d'utiliser à ses propres fins la description, la narration, le drame, l'essai, le commentaire, le monologue, le discours ; ni d'être à son gré, tour à tour ou simultanément, fable, histoire, apologue, idylle, chronique, conte, épopée ; aucune prescription, aucune prohibition ne vient le limiter
⁵⁰ dans le choix d'un sujet, d'un décor, d'un temps, d'un espace ; le seul interdit auquel il se soumette en général, celui qui détermine sa vocation prosaïque, rien ne l'oblige à l'observer absolument, il peut s'il le juge à propos contenir des poèmes ou simplement être «poétique». Quant au monde
⁵⁵ réel avec lequel il entretient des relations plus étroites qu'aucune autre forme d'art, il lui est loisible de le peindre fidèlement, de le déformer, d'en conserver ou d'en fausser les proportions et les couleurs, de le juger ; il peut même prendre la parole en son nom et prétendre changer la vie par
⁶⁰ la seule évocation qu'il en fait à l'intérieur de son monde fictif. S'il y tient, il est libre de se sentir responsable de son jugement ou de sa description, mais rien ne l'y force, ni la littérature ni la vie ne lui demande compte de la façon dont il exploite leurs biens.

⁶⁵ Ainsi, à la différence du genre traditionnel, dont la régularité est telle qu'il est non seulement assujetti à des prescriptions et à des proscriptions, mais fait par elles, le roman est sans règles ni frein, ouvert à tous les possibles, en quelque sorte indéfini de tous côtés. C'est évidemment la raison principale de son expansion continue, celle aussi de sa vogue
⁷⁰ dans les sociétés modernes, auxquelles il ressemble au moins par son esprit inventif, son humeur remuante, sa vita-

lité. Mais, théoriquement, ces possibilités quasi illimitées entraînent un manque de définition dont on voit aussitôt le
75 grave inconvénient, car si le roman est indéfini et jusqu'à un certain point indéfinissable, forme-t-il encore un genre et peut-on le connaître comme tel ?

Roman des origines et origine du roman, Grasset.

QUESTIONS

1. *Comment s'explique la vocation conquérante du roman ?*
2. *Pourquoi, selon l'auteur, le roman entretient-il des relations étroites avec le monde réel (citez quelques exemples précis pour illustrer cette affirmation) ?*
3. *Vous direz, en un développement composé, quelle est la forme de roman qui a votre préférence.*

RAYMOND ARON

L'idolâtrie de l'histoire

(Aucune indication n'est donnée sur la longueur du résumé demandé.)

...L'histoire est faite par des hommes qui agissent en des circonstances qu'ils n'ont pas choisies, selon leurs appétits ou leur idéal, leurs connaissances imparfaites, tour à tour subissant la contrainte du milieu ou en triomphant, courbés
5 sous la pesanteur des coutumes immémoriales ou soulevés par un élan spirituel. Au premier regard, elle semble à la fois un chaos d'événements et un ensemble tyrannique, chaque fragment est significatif et l'ensemble dénué de signification. Science et philosophie de l'histoire, encore que dans un style
10 différent, essaient également de surmonter la contradiction entre le caractère intentionnel du fait élémentaire, rapporté aux acteurs, et l'absurdité apparente du tout, entre le désordre intelligible au niveau microscopique et l'ordre aveugle du destin.
15 Les philosophies de l'histoire du type marxiste ordonnent le chaos des événements en le rapportant à quelques principes simples d'explications, elles situent au terme d'un mouvement inévitable l'accomplissement de la destination humaine. Les classes obéissent à leur intérêt, les individus à
20 leurs passions, mais les forces et les rapports de production font surgir, de cette mêlée confuse, la procession des régimes, inexorable mais aussi bienfaisante, puisque la société sans classes en marquera l'aboutissement.
A ce moment surgit ce que nous appelons idolâtrie de
25 l'Histoire, caricature de la conscience historique. Celle-ci nous enseigne le respect des faits innombrables, incohérents, la multiplicité des significations qu'ils possèdent et qu'on peut leur prêter, selon qu'on les rattache aux acteurs d'un jour, aux traditions cristallisées, aux suites qu'ils ont déve-
30 loppées. L'idolâtrie de l'histoire se donne le droit de substituer, de proche en proche, aux faits bruts les significations liées à un système d'interprétation, prétendument définitif. Sans aboutir à l'univers paranoïaque des procès, on risque d'ériger les vainqueurs en juges des vaincus, l'État en témoin
35 de la vérité. L'Occident, à son tour, est affecté par cette frénésie : convaincus de la perversité radicale du communisme, les législateurs américains condamnent les communistes des

84

années 30, selon leurs jugements des années 50. Les accusés, dans les prisons soviétiques ou chinoises, doivent
⁴⁰ écrire leur autobiographie, les candidats au visa d'entrée aux États-Unis raconter sommairement leur vie. Aux États-Unis, les réponses concernent les faits, alors que l'autobiographie des «capitalistes», de l'autre côté du rideau de fer, doit qualifier les faits selon les valeurs que leur donnent les bour-
⁴⁵ reaux.

La conscience historique fait apparaître les limites de notre savoir. Que nos regards se retournent vers le passé ou tentent de deviner l'avenir, nous ne pouvons atteindre à une certitude, incompatible avec les lacunes de notre informa-
⁵⁰ tion et, plus encore, avec l'essence du devenir. Les mouvements globaux, que nous dégageons de l'enchevêtrement des causes et des effets, sont effectivement intervenus, mais on ne peut pas dire que les causes massives les déterminaient à l'avance. Après coup, il est loisible d'oublier le
⁵⁵ caractère aléatoire du déterminisme. On ne peut l'oublier quand on est situé avant l'événement.

La conscience historique enseigne le respect de l'AUTRE, même quand nous le combattons. La qualité des causes ne se mesure pas à celle des âmes, nous ignorons l'issue de nos
⁶⁰ luttes, chaque régime réalise un ordre de valeurs, la conciliation de toutes les valeurs n'est qu'une idée et non un objectif prochain. L'idolâtre de l'histoire, au contraire, assuré d'agir en vue du seul avenir qui vaille, ne voit et ne veut voir dans l'AUTRE qu'un ennemi à éliminer, méprisable
⁶⁵ puisqu'il est incapable soit de vouloir le bien, soit de le reconnaître.

Le sens ultime de l'histoire ne découle jamais de la seule considération du passé. Ni la beauté du cosmos ni les tragédies des civilisations n'offrent de réponse à la question que
⁷⁰ nous élevons vers le ciel. On ne connaît pas l'homme si l'on ne suit le cheminement de ses lentes conquêtes et demain nous apportera une leçon inédite...

L'opium des intellectuels, Calmann-Lévy.

QUESTIONS

1. *En quoi histoire et philosophie de l'histoire se distinguent-elles très nettement selon R. Aron ?*
2. *Que faut-il entendre par «univers paranoïaque des procès» (ligne 33), «caractère aléatoire du déterminisme» (ligne 55) ?*
3. *Quelle leçon l'auteur tire-t-il de l'étude de l'histoire ?*

Le rôle des mathématiques n'est-il pas surfait?

(Texte à résumer en 200 mots.)

Depuis que la vie sociale est — ou semble être — dominée par la technique, et que la technique nous ébahit, c'est devenu un axiome que la mathématique doit occuper la première place dans l'enseignement. D'abord, dit M. Tout-le-Monde,
5 parce qu'elle régit cette technique. Ensuite, disent les plus éclairés, parce qu'elle est la discipline clé pour apprendre à raisonner. Est-ce évident?

Si on voulait apprécier objectivement l'importance de l'outil mathématique dans la vie professionnelle, il faudrait
10 passer en revue tous les métiers, et évaluer d'une part la population que chacun d'eux occupe et, d'autre part, la dose exacte de mathématiques qu'il requiert. Une enquête aussi exhaustive et systématique n'a pas encore été faite, à ma connaissance. Mais si vous regardez candidement autour de
15 vous combien de mathématiques emploient en fait, dans leur travail, les cinquante à cent personnes dont vous connaissez bien les occupations, vous ne trouverez sans doute pas exagérée l'estimation suivante, que je propose d'intuition : 95 % des professions, y compris élevées, ne demandent pas plus
20 de mathématiques que le niveau de la troisième.

Il demeure vrai aujourd'hui que tout le reste de la mathématique, en tant qu'outil de travail, est spécialité pour spécialiste. Cela demeure vrai en dépit du «règne des ordinateurs», ou peut-être grâce à ce règne, qui dispense d'avoir le
25 logarithme dans la tête puisqu'il est dans la machine. S'ils veulent conduire leur vie avec quelque succès et hauteur, les gens ont davantage besoin de physique et chimie, — j'énumère les branches dans l'ordre croissant de leur utilité pratique, — de biologie et médecine (connaissance du corps),
30 d'économie (connaissance des rouages sociaux), de technologie populaire, de psychologie et d'esthétique (connaissance des âmes et meublement des loisirs) — enfin, au sommet, de la maîtrise de la langue. Et combien ces disciplines sont négligées dans notre enseignement!
35 C'est ici qu'arrive ce qu'on pourrait appeler «l'argument ontologique» en faveur de la primauté de la mathématique : par le fait même que son admirable monument ait pu être dressé, elle constituerait la voie royale de la formation

intellectuelle, la muse et la tutrice de cette activité suprême
qu'est le raisonnement.

C'est très discutable. La vie abonde en modes de pensée
qui n'ont nullement la structure de ceux que met en œuvre la
mathématique, et même pas de ceux que formalise la logique, et qui méritent cependant d'être appelés des «raisonnements». Le menuisier qui médite sur un joint, l'employé
qui hésite à demander une augmentation, le mari qui se
demande si sa femme le trompe, l'électeur qui choisit entre
plusieurs candidats, le directeur commercial qui cherche de
nouvelles applications à un produit, le chef d'État qui
s'interroge sur un ministre, le professeur qui essaye une nouvelle méthode d'exposé, réfléchissent profondément, inten-
sément, constructivement, et cependant ce n'est pas par les
figures du syllogisme, pas par déduction à partir de postu-
lats, pas par combinaison de formules ou de théorèmes. Et
attention, s'ils empruntent peu à la démarche mathématique, ce n'est pas parce que leur sujet en est indigne, je veux
dire parce que leur matière est trop impure et leur problème
trop imprécis. C'est pour la raison plus grave qu'ils doivent
recourir à une multitude d'enchaînements et d'inductions qui
n'ont pas leur équivalent en mathématique : s'informer, sup-
puter, expliquer, distinguer, deviner, résumer, diagnostiquer,
classer, et surtout puiser dans ce magma confus mais sou-
verain qu'est l'expérience. Sans compter tous les procédés de
la méthode expérimentale, non mathématiques, mais si précieux pour y voir clair dans la réalité : varier les paramètres,
isoler les causes, contrarier les effets, etc. Dans l'étude d'un
problème de la vie, tout jusqu'à l'état d'esprit, extroverti et
tourné vers le plausible, diffère de celui qui empreint la
mathématique, introverti et astreint à la certitude.

Les mécanismes intellectuels ne sont-ils pas plus proches
de la vie dans les mathématiques modernes? Si, mais pas
tellement. Il est certain par exemple que la notion d'ensemble entraîne bien à réfléchir sur «un élément quelconque
d'une classe», ce qu'exigent divers problèmes humains. Mais
songez que dans le modèle mathématique un élément appartient tout à fait ou n'appartient pas du tout à un ensemble,
alors que dans la vie l'appartenance est graduée. Par exemple, les idées des membres d'un groupe n'appartiennent à la
doctrine officielle de ce groupe que d'une manière approxi-
mative, floue et mouvante. Il est utile aussi, pour les médita-
tions de tous les jours, de savoir qu'une relation peut
manifester des «propriétés structurelles», mais, Dieu! que

celles de la théorie des ensembles sont pauvres par rapport à celles du forum !

85 Enfin, preuve globale : combien de mathématiciens puissants n'accouchent-ils pas d'enfantillages quand ils raisonnent hors de leur sphère ? Alors que beaucoup d'ignares en mathématiques argumentent fort honorablement dans des domaines complexes.

90 Est-ce à dire que l'étude de la mathématique n'est d'aucun secours pour la formation de l'esprit raisonnant ? Ce serait tomber d'un extrême dans l'autre. La mathématique enseigne très utilement certains des schémas, et non des moindres, qui se rencontrent dans les «raisonnements de la
95 vie», en particulier celui de la généralisation et de la particularisation, et celui de l'implication conditionnelle («si je suppose que tel sujet possède telle propriété, alors je peux en déduire que telle chose est probable ou telle action pertinente»). Elle donne aussi un souci de rigueur qui, s'il n'é-
100 touffe pas l'imagination, peut fortifier et même inspirer une pensée féconde. Enfin et surtout, elle cultive l'art de l'abstraction, aussi essentiel chez le (bon) menuisier que chez le (bon) ministre et le (bon) ingénieur. Elle est une gymnastique et une ascèse, qui obligent l'esprit à se mouvoir longtemps et
105 avec agilité dans l'univers des symboles et des modèles, où toute pensée sur tout problème est obligée de monter si elle se veut efficace. A cet égard, elle apporte à l'esprit des habitudes indispensables qu'aucune autre discipline ne saurait développer aussi bien. Encore faut-il l'enseigner dans ce but,
110 mais ceci est une autre histoire. On peut légitimement craindre qu'une prééminence excessive des mathématiques, instaurée sous le prétexte que notre époque est dominée par la technique, ne nous fasse revenir, par un long, subreptice et magnétique détour, vers ce cadavre que l'histoire n'en finit
115 pas d'enterrer : la scolastique. C'est-à-dire vers la pensée en frac, correctement construite mais artificiellement assise, la thèse pour la thèse, la science d'apparat. Si on veut apprendre aux hommes à penser juste et fertile sur leurs problèmes authentiques, alors il faudra concevoir et organiser
120 un enseignement spécial et complet de cet art capital, qui manque totalement aujourd'hui. Il comprendra certes la mathématique en bonne place, mais aussi bien d'autres composantes : les lettres, qui donnent l'intelligence de l'homme et le goût du débat ; l'analyse et la pratique de l'expression,
125 où convergent la plupart des opérations mentales ; les sciences expérimentales qui apportent les ressorts essentiels de

l'invention et de l'essai ; les arts, école inégalable d'écoute intérieure et de finesse ; et même les activités manuelles pour le sens qu'elles donnent à l'esprit de l'utile, de l'équi-
130 libre et du concret.

Ce n'est pas réellement à la mathématique que je m'en prends. C'est plutôt à la facilité pédagogique. Hausser l'enseignement à la palpitation humaine, faire en sorte qu'il laisse un outillage mental vraiment adapté au tissu de la vie,
135 c'est une ambition considérable, et que nous devons avoir ; mais qui exige beaucoup, beaucoup plus que d'ajouter quelques heures de mathématiques au programme.

Le Monde, 14 octobre 1972.

QUESTIONS

1. *Faites le plan du texte.*
2. *Qu'est-ce qu'un* argument ontologique *(ligne 35) ?* une ascèse *(ligne 104) ? Donnez des exemples.*
3. *Dégagez du texte une affirmation qui vous a particulièrement frappé, et discutez-la en vous appuyant sur des arguments et des faits précis.*

JEAN BERNARD

Nouveaux pouvoirs...

(Ce texte est à résumer au tiers.)

La physique et ses progrès ont dominé le XXe siècle. La
biologie et ses progrès vont, plus vivement encore, dominer
le XXIe siècle. Les grands changements de la médecine qui,
depuis trente ans, ont permis de si brillants succès sont, pour
5 une large part, empiriques ; ainsi la découverte de la pénicil-
line est la conséquence de l'heureuse rencontre du hasard et
de l'invention. La révolution biologique, qui va transformer
le destin de l'homme, est beaucoup plus fondamentale. La
biologie de notre temps est triomphante. L'alphabet, la
10 grammaire, la syntaxe de la création ont été découverts. Le
code génétique qui régit la transmission héréditaire de nos
structures a été défini. Ses lois sont simples. La neurobiolo-
gie, longtemps incertaine, commence d'aborder les questions
essentielles, et de comprendre comment l'information est
15 chiffrée, transmise, enregistrée, restituée, comment s'établissent les relations entre l'inné et l'acquis, comment se
conçoit cette liberté, ou plutôt ce degré de liberté, qui est
peut-être le propre de l'homme et de son système nerveux.
Ces progrès de la biologie sont doublement importants,
20 par leur existence même et par leurs applications. Entre
toutes les espèces animales, l'espèce humaine a seule le pouvoir de modifier le milieu qui l'entoure. Heureusement ou
malheureusement. Trop souvent malheureusement. Trop
souvent bourreau de soi-même, comme disait déjà un vieux
25 poète. Ou, comme l'a dit un poète plus moderne : « La nature
s'est prise aux filets de ta vie. »
Il est à peine besoin d'insister, tant ces notions sont devenues communes, sur les grandes insuffisances qui menacent
à moyen terme - insuffisance d'oxygène, insuffisance d'eau -,
30 sur la rupture des équilibres biologiques de la terre et de la
mer, sur la déplorable écologie des sociétés urbaines, sur la
pollution générale, les fleuves et jusqu'aux humbles rivières
devenant les grands égouts collecteurs de nos pays. [...]

L'homme peut maintenant changer l'homme lui-même. Il
35 peut changer les organes de son prochain et le faire vivre
avec le rein, la moelle osseuse, parfois le cœur d'autrui. Il
peut apporter de nouvelles définitions immunologiques,
hématologiques de la personne humaine. Il reconnaît les
fondements biologiques du comportement. Il peut, par de
40 puissantes médications chimiques, modifier profondément
ce comportement. Il peut prolonger parfois la vie, au point
que la définition de la mort apparaît incertaine, au point de
poser, sous des formes neuves, de vieux problèmes : la qualité de la vie, la dignité de la mort. Il peut régler la procréation
45 avec cette conséquence surprenante que, dans un proche
avenir, l'amour et la fonction de reproduction seront entièrement dissociés. (Premiers pas vers d'autres changements ?
Après tout, la sexualité n'est pas apparue immédiatement
dans l'évolution. Elle n'a d'abord représenté qu'une sorte
50 d'auxiliaire des autres méthodes de reproduction.)

Le nombre et la variation sont les thèmes essentiels des
réflexions des démographes et des généticiens. L'homme
peut, dès maintenant, modifier le nombre. Il favorise, par les
progrès de la médecine, la survie des tarés, des infirmes
55 génétiques et leur multiplication. Dans un avenir non éloi-
gné, et selon toute vraisemblance pendant le XXIe siècle, on
pourra modifier l'exécution du programme génétique, voire
même sa structure, pour en corriger les défauts, pour y
glisser des suppléments. On ne parviendra certes pas, avant
60 longtemps, à fabriquer à volonté et à de nombreux exemplaires Mozart ou Hitler ou des champions olympiques de
saut en longueur, mais des changements moins subtils du
potentiel génétique, portant par exemple sur la répartition
des sexes, auront déjà une grande importance. Les progrès
65 ne sont ni parallèles ni synchrones. La situation de l'humanité va être dominée pendant le prochain siècle par les discordances, les asynchronismes, les désaccords entre certains
progrès et certaines stagnations, les accélérations et les
impasses. Déjà, première discordance, les progrès de la
70 médecine et leur coût seront, vers l'an 2000, difficilement
acceptés par l'économie des sociétés humaines. Une discordance beaucoup plus profonde existe entre les progrès prodi-
gieux de la connaissance scientifique et technique d'une part,
les progrès beaucoup plus incertains de la sagesse d'autre
75 part. Il suffit, pour mesurer cette discordance, de comparer,
d'un côté, les connaissances d'Archimède à celles des physi-
ciens de notre temps, d'un autre côté, la sagesse de Platon à

celle de nos philosophies. De telles discordances, certaines différenciations extrêmes, d'abord sources de succès, le [80] développement inégal de certains caractères, sont bien connus dans l'histoire de l'évolution. Elles peuvent être fatales et expliquer la disparition d'une espèce.

Nouveaux pouvoirs, nouveaux devoirs, Le Monde, 18 septembre 1974.

ANDRÉ BAZIN

Symbolique de Charlot

(Ce texte est à résumer en 120 mots environ.)

Ce détachement suprême à l'égard du Temps biogra-
phique et social dans lequel nous sommes plongés et
qui est pour nous cause de remords et d'inquiétude, Charlot
l'exprime d'un geste familier et sublime : cet extraordinaire
⁵ coup de pied en arrière qui lui sert aussi bien à se débar-
rasser de la peau de banane qu'il vient de peler et de la tête
imaginaire du géant Goliath que, plus idéalement encore, de
toute pensée encombrante. Il est significatif que Charlot ne
donne jamais de coups de pied en avant. Même les coups de
¹⁰ pied au cul de ses partenaires, il s'arrange pour les envoyer
en regardant de l'autre côté. Un cordonnier n'y verrait sans
doute que la conséquence de la trop grande pointure des
godillots. On me permettra pourtant de dépasser ce réalisme
superficiel et de déceler dans le style et l'utilisation si
¹⁵ fréquente et si personnelle du coup de pied en arrière le
reflet d'une attitude vitale. D'autre part, Charlot n'aime pas
prendre, si j'ose dire, de front la difficulté; il aime mieux
l'attaquer par surprise en lui tournant le dos; d'autre part,
et surtout quand il cesse d'avoir une utilité précise (fût-ce de
²⁰ simple vengeance), ce coup de pied en arrière exprime
parfaitement le souci constant de Charlot de n'être pas
rattaché au passé, de ne rien traîner après lui. Cet admirable
coup de pied est d'ailleurs capable d'exprimer mille nuances
depuis la vengeance hargneuse jusqu'à l'expression guille-
²⁵ rette du «enfin libre» à moins qu'il ne secoue pour s'en
défaire un invisible fil à la patte.

La tendance à la mécanisation est la rançon de sa
non-adhérence aux événements et aux choses. Comme
l'objet ne se projette jamais dans l'avenir, selon une prévi-
³⁰ sion utilitaire, quand Charlot a, avec lui, un rapport de
durée, il contracte très vite une sorte de crampe mécanique,
une habitude superficielle où s'évanouit la conscience de la
cause initiale du mouvement. Cette fâcheuse inclination lui
joue toujours de mauvais tours. Elle est au principe du
³⁵ fameux gag des *Temps modernes* où Charlot, travaillant à la
chaîne, continue spasmodiquement à visser des écrous
imaginaires. Mais on le décèle sous une forme plus subtile
dans *Le Policeman*, par exemple. Dans la chambre où il est

93

poursuivi par le gros dur, Charlot met le lit entre son
40 adversaire et lui. Suit une série de feintes où chacun
parcourt de part et d'autre le lit dans sa longueur. Au bout
d'un certain temps Charlot finit, en dépit de l'évidence du
danger, par s'habituer à cette tactique de défense provisoire
et, au lieu de subordonner ses demi-tours à l'attitude de son
45 adversaire, se prend à faire mécaniquement ses allers et
retours comme si ce geste suffisait par lui-même à le séparer
éternellement du danger. Naturellement, si stupide que soit
l'adversaire, il lui suffit, une fois, de rompre le rythme pour
que Charlot vienne de lui-même dans ses bras. Je crois bien
50 qu'il n'y a pas, dans toute l'œuvre de Chaplin, d'exemple de
mécanisation qui ne lui joue pas de mauvais tours. C'est que
la mécanisation est en quelque sorte le péché fondamental
de Charlot. La tentation permanente. Sa liberté à l'égard
des choses et des événements ne peut se projeter dans la
55 durée que sous une forme mécanique, comme une force
d'inertie qui continue sur une lancée initiale. L'action de
l'homme-de-la-Société, c'est-à-dire vous et moi, est organisée par la prévision et contrôlée au cours de son développement par une référence constante à la réalité qu'elle veut
60 modifier. Elle adhère de tout son long à l'évolution de
l'événement dans lequel elle s'insère. Celle de Charlot au
contraire est faite d'une succession d'instants : à chacun
d'eux suffit sa peine. Mais vienne la paresse et Charlot
reproduit dans les instants suivants la solution qui conve-
65 nait à un moment donné. Le péché capital de Charlot, dont
il n'hésite pas du reste à nous faire rire à ses dépens, c'est la
projection, dans le Temps, d'une façon d'être appropriée à
l'instant; c'est la «répétition».

Qu'est-ce que le cinéma? Éditions du Cerf, 1958.

QUESTIONS

1. *De quel mécanisme comique la vigueur satirique de Charlot dépend-elle, selon André Bazin?*

2. *A quels autres personnages, symboles du monde moderne empruntés à la littérature ou au cinéma, Charlot vous semble-t-il apparenté (notez les affinités et les différences)?*

ROGER CAILLOIS

Nature du rêve

(Ce texte est à résumer en 120 mots environ.)

La puissance du rêve, d'où dérivent également ses sorti-
lèges et ses prestiges, est faite de l'indépendance et de
l'automatisme des images. Il y a rêve chaque fois que
celles-ci existent seules, sinon dans le vide, du moins dans
5 l'éclipse provisoire des diverses facultés qui font le prix
de la pensée humaine et qui définissent la vigilance de
la conscience alertée : la volonté, le discernement, la capacité d'analyser, d'estimer et de choisir, celle de douter et de
refuser, celle d'imaginer enfin.
10 Car, dans le rêve, quoi qu'on en dise, jusqu'à l'imagination se tait. Elle n'a pas de part au spectacle qui lui est
présenté et dont la composition est due à une autre imagination, inconnue, anonyme, hors de portée. Celle-ci ne laisse
pas de liberté et n'en possède pas. Elle jaillit d'une source
15 mystérieuse, qui paraît plus profonde et plus intérieure, plus
sûre et plus vraie, que les travaux incertains de la patience et
de l'hésitation.
De fait, sitôt que nous dormons, notre patience et nos
hésitations sont remplacées par la fatalité du rêve; en outre,
20 le rêve parle en nous un langage dénué de sens, à moins
qu'on ne le tienne pour la révélation de nos secrets les plus
obscurs, ceux qui restent interdits à notre lucidité et qui
dominent notre destin. Aussi, depuis toujours, les hommes
croient pouvoir identifier en lui des symboles qui les rensei-
25 gneraient sur ce qui leur échappe le plus : leur avenir ou les
mystères de leur âme. Comme il n'est que l'inexplicable qui
soit disponible pour une telle mission, il est naturel qu'on en
tire le significatif. Dès qu'une chose passe l'entendement
et paraît ne se rattacher à rien, on l'estime prodige et
30 présage. De tout temps, des devins ou des spécialistes
patentés, depuis le vieil Artémidore[1] jusqu'aux psycha-
nalystes actuels, ont fourni au chaland[2] des catalogues
d'images, qui permettent d'interpréter le texte énigmatique
des songes, de telle façon qu'ils livrent en clair l'oracle

1. Auteur de l'*Interprétation des songes* (Grèce, IIe siècle).
2. Client.

³⁵ envoyé par les dieux ou qu'ils se laissent arracher un aveu
capital.

Plus gravement, alors que le rêve est pur automatisme et
complet esclavage, puisqu'il faut, pour qu'il se produise,
que la conscience aliénée ait abandonné tous ses pouvoirs, il
⁴⁰ est une tentation constante de saluer en lui le paradis
merveilleux d'une liberté affranchie de la moindre limita-
tion. Pareille illusion est inévitable. L'homme est constamment irrité de l'effort et de la discipline qu'il doit consentir
pour donner naissance et durée à la plus modeste de ses
⁴⁵ entreprises. En même temps qu'il peine, il aspire au repos;
quand il se dompte, au laisser-aller; dès qu'il calcule, à la
fantaisie. Construisant à tâtons dans un univers résistant,
aux propriétés immuables et exclusives, il pense avec nos-
talgie à un monde fluide, aérien, sans obstacle ni contradic-
⁵⁰ tion. Mais un monde aérien est nécessairement évasif, labile,
inconsistant. L'esprit imagine volontiers que la liberté
règne, où il n'est ni contrainte ni oppression ni contrôle. La
liberté n'existe que là où l'intelligence et le courage parvien-
nent à mordre sur la fatalité. Or, par l'effet d'un périlleux
⁵⁵ mirage, celle-ci apparaît comme la liberté suprême, parce
qu'elle n'exige rien que la démission de la volonté, laquelle
exigeait tout. Sans cesse et sous d'innombrables formes, le
marché de dupes est proposé à chacun. Qu'il abandonne sa
responsabilité, se lassant d'être intelligent et attentif, et ce
⁶⁰ sont aussitôt l'éblouissement et l'ivresse, peut-être aussi
l'horreur et l'épouvante, mais en tout cas l'apparence de
plénitude, de parfaite aisance, d'absolue vérité, qui apparente les uns aux autres tous les états où la conscience est
stupéfiée. A l'esprit déchu de sa souveraineté, ils imposent
⁶⁵ des images tyranniques dont il n'a pas licence de secouer le
joug. Par ce biais, ils rappellent à chacun qu'il demeure sans
cesse exposé à ce danger dont ils lui font miroiter l'attrait.
Le rêve en procure toutes les nuits un exemple bénin, mais
qui fournit de l'aliénation une image exacte et familière.
⁷⁰ Lui aussi a besoin, pour naître, de l'abdication de la
conscience. Sitôt qu'elle a basculé dans un néant quotidien,
il s'impose si fort à l'esprit hébété que celui-ci perd le moyen
de douter que ce spectacle ne soit la réalité même. Réveillée,
revenue de sa défection passagère, la conscience se souvient
⁷⁵ de ces récents prestiges. L'homme, au moment où il rejette
avec dédain la fantasmagorie creuse pour se consacrer aux
tâches irritantes et ingrates où il se fatigue sans joie, ne peut
manquer de se demander s'il ne laisse pas le meilleur et le

plus vrai de lui-même dans le royaume enchanté. Et c'est
80 alors qu'il donne au mot *rêve* un sens nouveau : celui d'un
monde merveilleux, qui lui apporte à la fois le bonheur et
l'apaisement.

L'incertitude qui vient des rêves, Gallimard, 1956.

QUESTIONS

1. *En quoi la thèse de l'auteur s'oppose-t-elle aux opinions reçues
concernant le rêve ?*
2. *Quels autres exemples « d'images tyranniques », imposées à la
« conscience hébétée », connaissez-vous ?*
3. *Quelle idée de la liberté peut-on dégager de la fin du texte ?*

FRANÇOIS DE CLOSETS

Texte sans titre

Selon votre préférence, résumez le texte suivant en respectant son mouvement, ou bien analysez-le, en distinguant et ordonnant les thèmes et en vous attachant à rendre compte de leurs rapports. Vous indiquerez, en tête de votre copie, par le mot **Résumé** *ou* **Analyse,** *la nature de votre choix.*

Après *ce résumé ou cette analyse, vous dégagerez du texte un problème auquel vous attachez un intérêt particulier :* **vous en préciserez les données,** *vous les discuterez s'il y a lieu et vous exposerez, en les justifiant, vos propres vues sur la question* [1].

Tout est fait aujourd'hui pour entretenir les illusions. La démagogie n'est pas seulement le fait des hommes politiques, elle se retrouve chez les penseurs à la mode. Tous, autant qu'ils sont, ils flattent les Français en les persuadant
5 que la solution de leurs problèmes ne dépend pas d'eux, tout juste de leurs bulletins de vote. Tel est le suprême tabou : ne plus jamais mettre les individus en face de leurs responsabilités.

Tout le discours des gens intelligents tend à prouver que nos malheurs viennent de la société et que les remèdes vien-
10 dront également d'elle. La bonté naturelle de l'homme fait un retour en force. Il n'y a plus ni déments, ni criminels, ni fainéants, ni avares, ni égoïstes, seulement des individus pervertis par un système social malfaisant. Un excès en entraînant un autre, les hommes de l'ordre vont répétant aux
15 « braves gens » qu'ils ne sont en rien responsables de la délin-quance, de la misère, de l'injustice, et qu'un simple ren-forcement de la répression ferait disparaître tous ces maux. Dans tous les cas, c'est la société et elle seule qui nous tirera d'affaire.
20 Pendant des siècles a prévalu le tabou inverse. La société était bonne et l'homme mauvais. Chacun avait la condition qu'il méritait et ne devait s'en prendre qu'à lui de sa médio-crité. Les solutions proposées passaient toujours par l'exal-tation des vertus individuelles, jamais par les transforma-
25 tions sociales. L'absurdité d'une telle attitude nous a fait basculer dans l'autre extrême.

Ces deux positions sont également fausses. Il est vrai que l'individu est lié à sa situation sociale. L'O.S. faisant les « trois huit » peut difficilement avoir une vie de famille heu-
30 reuse, l'enfant de travailleurs immigrés ne parlant pas français a peu de chances de réussir ses études. C'est bien alors la société qui doit faire le premier effort. Mais elle ne peut jamais faire que cela. Il ne lui appartient pas d'apporter des solutions.

35 Or, ces conditions préalables sont bien souvent réunies dans la France de 1977. Cessons de prétendre que les Français conduisent trop vite parce que les voitures sont trop rapides, qu'ils ne font pas assez de sport parce que les équipements sont insuffisants, qu'ils boivent parce qu'ils
40 sont mal logés, qu'ils mangent trop pour compenser leurs frustrations professionnelles, qu'ils fraudent pour se défen-dre contre l'injustice fiscale. Ces circonstances atténuantes peuvent être vraies pour une partie de la population, mais sont rarement des excuses absolutoires. En revanche, beau-
45 coup de Français pourraient dès à présent mener une vie plus saine, moins manger, moins boire, moins fumer et faire plus d'exercices physiques. Ils pourraient encore accorder plus d'attention à leurs enfants ou à leurs voisins, respecter davantage les biens collectifs, réfléchir à leur propre mort.
50 S'ils ne le font pas, et s'ils en souffrent, la faute leur en incombe, et l'action collective ne pourra suppléer à leur

démission individuelle... Lorsqu'il m'arrive d'allumer une cigarette, je n'y suis pas contraint par la publicité du SEITA. C'est moi, et moi seul, qui aspire la fumée.

⁵⁵ Or, toute étude sociologique aujourd'hui doit se conclure par un transfert des responsabilités de l'individu à la société. Nous ne sommes plus qu'effets et jamais causes. L'homme repensé par l'homme est un pur «produit de situation».

J'avoue ne plus supporter cette innocence de principe ⁶⁰ dont on nous accable et qui transforme tout Français en irresponsable. En mineur.

La France et ses mensonges, Éditions Denoël.

JEAN CLOUZET

Le mariage de la poésie et de la chanson

Il est certain que faire naître une chanson est intrinsè quement plus délicat qu'écrire un poème. Aussi tyrannique que soit l'architecture de celui-ci, elle atteindra rarement la complexité qui préside à l'élaboration d'une *vraie* chanson. ⁵ En une époque où quelques onomatopées plaquées tant bien que mal sur des rythmes de danse élémentaires ont l'impudeur de se laisser appeler chansons, il faut recourir à des critères de valeur et prononcer des exclusives.

Jamais l'on n'a exigé d'un peintre qu'il ne brosse que des ¹⁰ toiles de 60 centimètres sur 60 centimètres, d'un dramaturge, d'un cinéaste qu'ils ne disposent, pour leurs œuvres, que d'une heure et demie. Il est peu d'hommes de lettres qui, en s'installant à leur table de travail, décrètent que leur roman prendra fin avec la deux cent trentième page. L'au¹⁵ teur de chansons, lui, est obligé, au nom de techniques d'enregistrement et de diffusion dont la disparition du 78 tours aurait sans doute pu atténuer la rigueur, de placer ses couplets et ses refrains sous le signe des fatidiques trois

minutes. Mais ce n'est là, en réalité, que la plus apparente
20 d'une longue série de contraintes et de restrictions. Il lui faut
encore concevoir texte et musique simultanément, seule
manière logique de fondre ces deux composantes en un tout
harmonieux. Assembler les rimes qui, phonétiquement,
épouseront au mieux le chant. Trouver pour la mélodie choi-
25 sie le rythme susceptible de mettre en valeur le mot et non
d'en détruire la substance... Avoir assez de goût et d'expérience pour installer l'image à l'instant et à l'emplacement
où elle acquerra sa pleine résonance... Ne jamais perdre de
vue, enfin, qu'une chanson est faite pour être interprétée en
30 public et que le disque n'est qu'un moyen de suppléer à l'impossibilité dans laquelle nous sommes de recevoir le chan-
teur à domicile ou d'aller vers lui chaque soir. La chanson,
en effet, ne peut exister en dehors de la relation interprète-
public car, si elle est musique et parfois poésie, elle est aussi
35 théâtre dans la mesure où il s'agit d'habiter, pour un instant,
un personnage, et danse puisque le geste y tient un rôle privilégié quand il vient souligner une intention ou mettre en
relief une image.

Voilà donc quelques-unes des données qui entrent obliga-
40 toirement dans la constitution de la chanson «idéale».
Même lorsqu'elles sont réunies, il reste néanmoins à attendre
un ultime élément dont l'intervention n'obéit à aucune loi, ne
répond à aucune technique, mais qui, cependant, est seul
capable de faire d'une simple chanson un instant de bonheur
45 pour l'auteur, ou le spectateur si l'on préfère...

Ainsi, nous le voyons, la chanson procède d'un nombre
élevé de techniques et de disciplines qui ont tendance à
ligoter texte et musique, à leur faire perdre leur liberté de
mouvement dès l'instant où l'on s'avise de les mener l'un
50 vers l'autre... La difficulté qu'il y a à composer des chansons
poétiques est si apparente que d'aucuns ont commis l'erreur
d'en faire une impossibilité. Mais comment admettre qu'un
texte poétique auquel on donne des ailes, à savoir un
vecteur [1] musical, voie soudain ses images se dissoudre et
55 son verbe se scléroser ? Joubert aimait à répéter que «le
chant est le ton naturel de l'image ; la raison parle, mais
l'imagination fredonne». S'il avait plu à Verlaine d'offrir une
musique à certaines de ses pièces, aurait-il pour cela perdu
la place de choix qu'il occupe maintenant dans nos antholo-
60 gies ? Un titre comme *la Bonne Chanson* ne laisse-t-il pas,
d'ailleurs, pressentir un désir de musique ?

À ceux qui rétorqueraient que les poètes dignes de ce nom

n'éprouvent pas le besoin d'apporter à leurs œuvres une nouvelle dimension, il faudrait répondre que ce qui était vrai
65 hier ne l'est plus tout à fait aujourd'hui et que le temps est révolu où la poésie trouvait dans les salons littéraires l'ambiance de serre chaude nécessaire et suffisante à sa pérennité. Parce qu'en cette seconde moitié du XXᵉ siècle les hommes désapprennent peu à peu à lire, perdent le goût
70 d'aller vers les choses de l'esprit et font de la passivité une règle de vie, il eût été souhaitable que la poésie cherchât à élargir son audience en ne boudant pas les nouveaux moyens de diffusion qui se présentaient à elle. Or, il nous semble que la chanson eût pu devenir un remarquable sup-
75 port d'images poétiques. Devenir n'est pas le mot puisque, en réalité, elle le fut voici déjà de nombreuses années. Une chance s'offrait à elle de renouer avec son passé : l'enregistrement sonore était sur le point de lui rendre la place de premier plan que l'invention de l'imprimerie lui avait retirée.
80 Pour des raisons qu'il ne nous appartient pas de discuter dans le cadre de cet essai, les poètes n'ont pas su ou n'ont pas voulu regarder vers ce champ d'investigations tout neuf. Le résultat en est que la chanson actuelle est une sorte d'enfant mort-né qui n'a souvent de poétique que ses ambitions,
85 quand ce ne sont ses prétentions, et qu'à côté d'un Ferré, d'un Brassens, d'un Brel et de quelques autres, l'on ne trouve à l'infini que vulgarité et platitude. Mais, encore une fois, est-ce parce que cette voie royale qui s'ouvrait à la poésie a été en partie sacrifiée sur l'autel du mauvais goût par des
90 marchands plus soucieux de rapport que d'apport qu'il faut voir nécessairement dans la chanson une négation par nature de la démarche poétique ? Les noms que nous avons cités viennent témoigner du contraire. Les poètes de vocation, nous allions écrire de métier, ne sont pas encore
95 vraiment venus à la chanson ; en attendant qu'ils entrent en lice, il est heureusement des hommes... pour leur préparer le terrain et réussir fréquemment le difficile mais enrichissant mariage de la poésie et de la chanson bien que, par modestie et humilité, ils s'en défendent.

Présentation du *Jacques Brel*, Seghers.

1. Vecteur : ici (sens étymologique), ce qui transporte.

ALBERT CAMUS

Texte sans titre

Jusqu'à présent, et tant bien que mal, l'abstention a toujours été possible dans l'histoire. Celui qui n'approuvait pas,
il pouvait souvent se taire ou parler d'autre chose. Aujourd'hui tout est changé, le silence même prend un sens
5 redoutable. A partir du moment où l'abstention elle-même
est considérée comme un choix, punie ou louée comme tel,
l'artiste, qu'il le veuille ou non, est embarqué. Embarqué me
paraît ici plus juste qu'engagé. Il ne s'agit pas en effet pour
l'artiste d'un engagement volontaire, mais plutôt d'un ser-
10 vice militaire obligatoire. Tout artiste aujourd'hui est
embarqué dans la galère de son temps. Il doit s'y résigner,
même s'il juge que cette galère sent le hareng, que les gardes-
chiourme y sont vraiment trop nombreux et que, de surcroît,
le cap est mal pris. Nous sommes en pleine mer. L'artiste,
15 comme les autres, doit ramer à son tour, sans mourir s'il le
peut, c'est-à-dire en continuant de vivre et de créer [...]

Nous autres, écrivains du XXᵉ siècle..., devons savoir que
nous ne pouvons nous évader de la misère commune, et que
notre seule justification, s'il en est une, est de parler, dans la
20 mesure de nos moyens, pour ceux qui ne peuvent le faire.
Mais nous devons le faire pour tous ceux, en effet, qui
souffrent en ce moment quelles que soient les grandeurs passées ou futures des États ou des partis qui les oppriment ; il
n'y a pas, pour l'artiste, de bourreaux privilégiés. C'est pour-
25 quoi la beauté, même aujourd'hui, surtout aujourd'hui, ne
peut servir aucun parti ; elle ne sert, à longue ou à brève
échéance, que la douleur ou la liberté des hommes. Le seul
artiste engagé est celui qui, sans rien refuser du combat,
refuse du moins de rejoindre les armées régulières, je veux
30 dire le franc-tireur. La leçon qu'il trouve alors dans la beauté, si elle est honnêtement tirée, n'est pas une leçon
d'égoïsme, mais de dure fraternité. Ainsi conçue, la beauté
n'a jamais asservi aucun homme. Et depuis des millénaires,
tous les jours, à toutes les secondes, elle a soulagé au
35 contraire la servitude de millions d'hommes et, parfois,
libéré pour toujours quelques-uns. Pour finir, peut-être
touchons-nous ici la grandeur de l'art, dans cette perpétuelle

tension entre la beauté et la douleur, l'amour des hommes et la folie de la création, la solitude insupportable et la foule
40 harassante, le refus et le consentement. Il chemine entre deux abîmes, qui sont la frivolité et la propagande. Sur cette ligne de crête où avance le grand artiste, chaque pas est une aventure, un risque extrême. Dans ce risque pourtant, et dans lui seul, se trouve la liberté de l'art. Liberté difficile et
45 qui ressemble plutôt à une discipline ascétique, quel artiste le nierait ? Quel artiste oserait se dire à la hauteur de cette tâche incessante ? Cette liberté suppose une santé du cœur et du corps, un style qui soit comme la force de l'âme et un affrontement patient. Elle est, comme toute liberté, un risque
50 perpétuel, une aventure exténuante, et voilà pourquoi on fuit aujourd'hui ce risque comme on fuit l'exigeante liberté pour se ruer à toutes sortes de servitude et obtenir au moins le confort de l'âme. Mais, si l'art n'est pas une aventure, qu'est-il donc et où est sa justification ?

Discours de Suède, Gallimard.

VOLTAIRE

Le juste et l'injuste

La notion de quelque chose de juste me semble si naturelle, si universellement acquise par tous les hommes, qu'elle
est indépendante de toute loi, de tout pacte, de toute religion.
Que je redemande à un Turc, à un Guèbre, à un Malabare,
5 l'argent que je lui ai prêté pour se nourrir et pour se vêtir, il
ne lui tombera jamais dans la tête de me répondre :
«Attendez que je sache si Mahomet, Zoroastre ou Brama,
ordonnent que je vous rende votre argent.» Il conviendra
qu'il est juste qu'il me paye, et s'il n'en fait rien, c'est que sa
10 pauvreté ou son avarice l'emportent sur la justice qu'il
reconnaît.

Je mets en fait qu'il n'y a aucun peuple chez lequel il soit
juste, beau, convenable, honnête de refuser la nourriture à
son père et à sa mère quand on peut leur en donner ; que
15 nulle peuplade n'a jamais pu regarder la calomnie comme
une bonne action, non pas même une compagnie de bigots
fanatiques.

L'idée de justice me paraît tellement une vérité du premier
ordre, à laquelle tout l'univers donne son assentiment, que
20 les plus grands crimes qui affligent la société humaine sont
tous commis sous un faux prétexte de justice. Le plus grand
des crimes, du moins le plus destructif, et par conséquent le
plus opposé au but de la nature, est la guerre ; mais il n'y a
aucun agresseur qui ne colore ce forfait du prétexte de la jus
25 tice.

Les déprédateurs romains faisaient déclarer toutes leurs
invasions justes par des prêtres nommés «Féciales». Tout
brigand qui se trouve à la tête d'une armée commence ses
fureurs par un manifeste, et implore le dieu des armées.
30 Les petits voleurs eux-mêmes, quand ils sont associés, se
gardent bien de dire : «Allons voler, allons arracher à la
veuve et à l'orphelin leur nourriture.» Ils disent : «Soyons
justes, allons reprendre notre bien des mains des riches qui
s'en sont emparés.» Ils ont entre eux un dictionnaire qu'on a
35 même imprimé dès le XVIe siècle ; et dans ce vocabulaire,
qu'ils appellent «argot», les mots de «vol», «larcin», «ra-

pine», ne se trouvent point; ils se servent des termes qui
répondent à «gagner», «reprendre».

Le mot d'injustice ne se prononce jamais dans un conseil
40 d'État où l'on se propose le meurtre le plus injuste; les
conspirateurs, même les plus sanguinaires, n'ont jamais dit:
«Commettons un crime!» Ils ont tous dit: «Vengeons la
patrie des crimes du tyran; punissons ce qui nous paraît une
injustice.» En un mot, flatteurs lâches, ministres barbares,
45 conspirateurs odieux, voleurs plongés dans l'iniquité, tous
rendent hommage, malgré eux, à la vertu même qu'ils
foulent aux pieds...

Je crois donc que les idées du juste et de l'injuste sont
aussi claires, aussi universelles, que les idées de santé et de
50 maladie, de vérité et de fausseté, de convenance et de
disconvenance. Les limites du juste et de l'injuste sont très
difficiles à poser; comme l'état mitoyen entre la santé et la
maladie, entre ce qui est la convenance et la disconvenance
des choses, entre le faux et le vrai, est difficile à marquer. Ce
55 sont des nuances qui se mêlent, mais les couleurs tran-
chantes frappent tous les yeux. Par exemple, tous les
hommes avouent qu'on doit rendre ce qu'on nous a prêté;
mais si je sais certainement que celui à qui je dois deux millions s'en servira pour asservir ma patrie, dois-je lui rendre
60 cette arme funeste? Voilà où les sentiments se partagent;
mais en général je dois observer mon serment quand il n'en
résulte aucun mal: c'est de quoi personne n'a jamais douté.

Le philosophe ignorant.

J.-P. SARTRE

La culture littéraire

Il faut se rappeler que la plupart des critiques sont des hommes qui n'ont pas eu beaucoup de chance et qui, au moment où ils allaient désespérer, ont trouvé une petite place tranquille de gardien de cimetière. Dieu sait si les
5 cimetières sont paisibles : il n'en est pas de plus riant qu'une bibliothèque. Les morts sont là : ils n'ont fait qu'écrire, ils sont lavés depuis longtemps du péché de vivre et d'ailleurs on ne connaît leur vie que par d'autres livres que d'autres morts ont écrits sur eux. Rimbaud est mort. Morts Paterne
10 Berrichon et Isabelle Rimbaud ; les gêneurs ont disparu, il ne reste que les petits cercueils qu'on range sur des planches, le long des murs, comme les urnes d'un columbarium. Le critique vit mal, sa femme ne l'apprécie pas comme il faudrait, ses fils sont ingrats, les fins de mois difficiles. Mais il
15 lui est toujours possible d'entrer dans sa bibliothèque, de prendre un livre sur un rayon et de l'ouvrir. Il s'en échappe une légère odeur de cave et une opération étrange commence, qu'il a décidé de nommer la lecture. Par un certain côté, c'est une possession : on prête son corps aux morts
20 pour qu'ils puissent revivre. Et par un autre côté, c'est un contact avec l'au-delà. Le livre, en effet, n'est point un objet, ni non plus un acte ni même une pensée : écrit par un mort sur des choses mortes, il n'a plus aucune place sur cette terre, il ne parle de rien qui nous intéresse directement ; lais-
25 sé à lui-même il se tasse et s'effondre, il ne reste que des taches d'encre sur du papier moisi, et quand le critique ranime ces taches, quand il en fait des lettres et des mots, elles lui parlent de passions qu'il n'éprouve pas, de colères sans objets, de craintes et d'espoirs défunts. C'est tout un
30 monde désincarné qui l'entoure où les affections humaines, parce qu'elles ne touchent plus, sont passées au rang d'affections exemplaires, et pour tout dire, de valeurs. Aussi se persuade-t-il d'être entré en commerce avec un monde intelligible qui est comme la vérité de ses souffrances quoti-
35 diennes et leur raison d'être. Il pense que la nature imite l'art

comme, pour Platon, le monde sensible imitait celui des
archétypes. Et, pendant le temps qu'il lit, sa vie de tous les
jours devient une apparence. Une apparence sa femme aca-
riâtre, une apparence son fils bossu : et qui seront sauvés
40 parce que Xénophon a fait le portrait de Xanthippe [1] et
Shakespeare celui de Richard III. C'est une fête pour lui
quand les auteurs contemporains lui font la grâce de mourir : leurs livres, trop crus, trop vivants, trop pressants,
passent de l'autre bord, ils touchent de moins en moins et
45 deviennent de plus en plus beaux ; après un court séjour au
purgatoire, ils vont peupler le ciel intelligible de nouvelles
valeurs.
    avoir à faire avec le monde réel sauf d'y manger et d'y boire
et, puisqu'il faut absolument vivre dans le commerce de nos
50 semblables, ils ont choisi que ce soit dans celui des défunts.
Ils ne se passionnent que pour les affaires classées, les
querelles closes, les histoires dont on sait la fin. Ils ne
parient jamais sur une issue incertaine et comme l'histoire a
décidé pour eux, comme les objets qui terrifiaient ou indi-
55 gnaient les auteurs qu'ils lisent ont disparu, comme à deux
siècles de distance la vanité de disputes sanglantes apparaît
clairement, ils peuvent s'enchanter du balancement des
périodes, et tout se passe pour eux comme si la littérature
tout entière n'était qu'une vaste tautologie [3] et comme si
60 chaque nouveau prosateur avait inventé une nouvelle
manière de parler pour ne rien dire...
    Les grands écrivains voulaient détruire, édifier, dé-
montrer. Mais nous ne retenons plus les preuves qu'ils ont
avancées parce que nous n'avons aucun souci de ce qu'ils
65 entendent prouver. Les abus qu'ils dénonçaient ne sont plus
de notre temps ; il y en a d'autres qui nous indignent et qu'ils
ne soupçonnaient pas ; l'histoire a démenti certaines de leurs
prévisions et celles qui se réalisèrent sont devenues vraies
depuis si longtemps que nous avons oublié qu'elles furent
70 d'abord des traits de leur génie ; quelques-unes de leurs pensées sont tout à fait mortes et il y en a d'autres que le genre
humain tout entier a reprises à son compte et que

1. Xanthippe : femme de Socrate.
2. Cathares : membres d'une secte hérétique du Moyen Age, les Cathares se
tenaient en dehors de la vie catholique, tant à cause de leurs doctrines que des
persécutions dont ils furent victimes.
3. Tautologie : répétition de la même idée sous des formes différentes.

nous tenons pour des lieux communs. Il s'ensuit que les meilleurs arguments de ces auteurs ont perdu leur efficience ;
75 nous en admirons seulement l'ordre et la rigueur ; leur agencement le plus serré n'est à nos yeux qu'une parure, une architecture élégante de l'exposition, sans plus d'application pratique que ces autres architectures : les fugues de Bach, les arabesques de l'Alhambra...
80 Lorsqu'un livre présente ainsi des pensées grisantes qui n'offrent l'apparence de raisons que pour fondre sous le regard et se réduire à des battements de cœur, lorsque l'enseignement qu'on en peut tirer est radicalement différent de celui que son auteur voulait donner, on nomme ce livre
85 un message. Rousseau, père de la révolution française, et Gobineau, père du racisme, nous ont envoyé des messages l'un et l'autre. Et le critique les considère avec une égale sympathie. Vivants, il lui faudrait opter pour l'un contre l'autre, aimer l'un, haïr l'autre. Mais ce qui les rapproche
90 avant tout, c'est qu'ils ont un même tort, profond et délicieux : ils sont morts.

Situations, tome II, Gallimard.

GUY DE MAUPASSANT

L'écrivain réaliste

Le réaliste, s'il est un artiste, cherchera, non pas à nous montrer la photographie banale de la vie, mais à nous en donner la vision plus complète, plus saisissante, plus probante que la réalité même.

5 Raconter tout serait impossible car il faudrait alors un volume au moins par journée pour énumérer les multitudes d'incidents insignifiants qui emplissent notre existence.

Un choix s'impose donc, ce qui est une première atteinte à la théorie de toute la vérité.

10 La vie, en outre, est composée des choses les plus différentes, les plus imprévues, les plus contraires, les plus disparates ; elle est brutale, sans suite, sans chaîne, pleine de catastrophes inexplicables, illogiques et contradictoires, qui doivent être classées au chapitre «faits divers». Voilà pour-
15 quoi l'artiste, ayant choisi son thème, ne prendra dans cette vie encombrée de hasards et de futilités que les détails caractéristiques utiles à son sujet, et il rejettera tout le reste, tout l'à-côté.

Un exemple entre mille :

20 Le nombre des gens qui meurent chaque jour par accident est considérable sur la terre. Mais pouvons-nous faire tomber une tuile sur la tête d'un personnage principal, ou le jeter sous les roues d'une voiture, au milieu d'un récit, sous prétexte qu'il faut faire la part de l'accident ?

25 La vie encore laisse tout au même plan, précipite les faits ou les traîne indéfiniment. L'art, au contraire, consiste à user de précautions et de préparations, à ménager des transitions savantes et dissimulées, à mettre en pleine lumière, par la seule adresse de la composition, les événements essentiels et
30 à donner à tous les autres le degré de relief qui leur convient, suivant leur importance, pour produire la sensation profonde de la vérité spéciale qu'on veut montrer.

Faire vrai consiste donc à donner l'illusion complète du vrai, suivant la logique ordinaire des faits, et non à les trans-
35 crire servilement dans le pêle-mêle de leur succession.

J'en conclus que les Réalistes de talent devraient s'appeler plutôt des illusionnistes.

Quel enfantillage, d'ailleurs, de croire à la réalité puisque nous portons chacun la nôtre dans notre pensée et dans nos organes! Nos yeux, nos oreilles, notre odorat, notre goût différents créent autant de vérités qu'il y a d'hommes sur la terre. Et nos esprits qui reçoivent les instructions de ces organes, diversement impressionnés, comprennent, analysent et jugent comme si chacun de nous appartenait à une autre race.

Chacun de nous se fait donc simplement une illusion du monde, illusion poétique, sentimentale, joyeuse, mélancolique, sale ou lugubre suivant sa nature. Et l'écrivain n'a d'autre mission que de reproduire fidèlement cette illusion avec tous les procédés d'art qu'il a appris et dont il peut disposer.

Illusion du beau qui est une convention humaine! Illusion du laid qui est une opinion changeante! Illusion du vrai jamais immuable! Illusion de l'ignoble qui attire tant d'êtres! Les grands artistes sont ceux qui imposent à l'humanité leur illusion particulière.

Préface de *Pierre et Jean*.

MARTIN LUTHER KING

La fin et les moyens

L'un des plus grands débats philosophiques de l'histoire a
porté sur la question de la fin et des moyens. Et il s'est toujours trouvé des gens pour prétendre que la fin justifie les
moyens, que les moyens, au fond, sont sans importance,
⁵ l'essentiel étant d'atteindre le but fixé.

C'est pourquoi, disent-ils, si vous cherchez à bâtir une
société juste, l'important est d'aboutir, et les moyens n'im-
portent guère. Choisissez n'importe quel moyen pourvu que
vous atteigniez votre but : ils peuvent être violents, ils
¹⁰ peuvent être malhonnêtes, ils peuvent même être injustes.
Qu'importe, si le but est juste ! Oui, tout au long de l'histoire, il s'est trouvé des gens pour argumenter ainsi. Mais
nous n'aurons pas la paix dans le monde avant que les
hommes aient partout reconnu que la fin ne peut être dis-
¹⁵ sociée des moyens, parce que les moyens représentent l'idéal
qui se forme, et la fin l'idéal qui s'accomplit. En définitive,
on ne peut atteindre des buts justes par des moyens mauvais,
parce que les moyens représentent la semence, et la fin
représente l'arbre.
²⁰   Il est étrange de constater que les plus grands génies mili-
taires du monde ont tous parlé de la paix. Les conquérants
de l'Antiquité qui se livraient à des théories dans le but
d'aboutir à la paix, Alexandre, Jules César, Charlemagne et
Napoléon, recherchaient tous un ordre mondial pacifique. Si
²⁵ vous lisez de près *Mein Kampf*, vous découvrirez que Hitler
affirmait que tout ce qu'il faisait pour l'Allemagne avait la
paix pour objet. Et aujourd'hui les responsables du monde
parlent éloquemment de la paix. Chaque fois que nous
larguons des bombes sur le Nord-Vietnam, le président
³⁰ Johnson [1] parle éloquemment de la paix. Comment expliquer ce paradoxe ? C'est qu'ils parlent de la paix comme
d'un but lointain, comme d'une fin que nous visons, mais un
jour il faudra comprendre que la paix n'est pas seulement un

---

1. Le texte date de Noël 1967. Martin Luther King, pasteur luthérien, apôtre de
la non-violence, prix Nobel de la Paix en 1964, est mort assassiné le 4 avril
1968 à l'âge de 39 ans.

but lointain que nous nous fixons, mais un moyen qui nous
35 permet d'arriver à ce but, nous devons nous fixer des buts
pacifiques par des moyens pacifiques. Tout cela pour dire
qu'en fin de compte moyens et buts doivent être cohérents,
parce que le but préexiste dans les moyens et parce que les
moyens destructeurs ne peuvent aboutir à des fins construc-
40 tives.
   ... J'ai vu trop de haine pour vouloir haïr moi-même, j'ai
vu la haine sur le visage de trop de shérifs, de trop de me-
neurs blancs, de trop de membres du Ku-Klux-Klan dans le
Sud, pour vouloir haïr moi-même ; et chaque fois que je vois
45 cette haine, je me dis au-dedans de moi : la haine est un far-
deau trop lourd à porter. Nous devons être capables de nous
dresser contre nos adversaires les plus acharnés et de leur
dire : « Nous répondrons à votre capacité d'infliger des souffrances par notre capacité de supporter la souffrance. A
50 votre force matérielle nous opposerons la force de notre
âme. Faites de nous tout ce que vous voudrez, et nous vous
aimerons encore. En conscience, nous ne pouvons ni obéir à
vos lois injustes, ni respecter votre système injuste, car la
non-coopération avec le mal est une obligation au même
55 titre que la coopération avec le bien. Jetez-nous donc en prison, et nous vous aimerons encore. Bombardez nos foyers et
menacez nos enfants, et aussi difficile que cela puisse paraître, nous vous aimerons encore. Envoyez vos policiers
casqués, à minuit, dans nos quartiers, entraînez-nous sur
60 une route écartée pour nous laisser à demi morts sous vos
coups, et nous vous aimerons encore. Envoyez vos propa-
gandistes dans le pays tout entier et publiez partout que
nous ne sommes pas mûrs, au point de vue culturel ou
autrement, pour l'intégration. Mais soyez sûrs que nous
65 vous aurons à l'usure par notre capacité de souffrance. Un
jour, nous finirons par conquérir notre liberté. Et ce n'est
pas seulement pour nous que nous conquerrons cette liberté,
mais nous ferons tellement appel à votre cœur et à votre
conscience que nous vous conquerrons aussi, et que notre
70 victoire sera une double victoire. »

Révolution non violente, **Payot.**

113

PIERRE VIANSSON-PONTÉ

Jeunes travailleurs d'aujourd'hui

A l'impatience que manifestaient jadis, et il y a peu d'années encore, les lycéens pressés d'accéder au statut d'étudiant ou d'entrer dans la vie professionnelle a succédé
aujourd'hui cette «décontraction incroyable», qui paraît
⁵ bien exprimer un recul devant le choix d'une orientation, une
inquiétude devant les difficultés de l'emploi, une angoisse et
même un refus devant le travail...

A la recherche de ce qui différencie les valeurs, les attitudes, les conduites de la nouvelle jeunesse de celles de ses
¹⁰ aînés, le sociologue [1] a d'abord procédé à une large enquête.
Il a demandé à des centaines de jeunes salariés de classer,
selon l'importance qu'ils leur accordent chaque fois qu'ils
ont à choisir un emploi, cinq éléments pouvant revêtir à
leurs yeux de l'intérêt : les avantages sociaux, la rémunéra
¹⁵ tion, les relations de travail, les possibilités de promotion et
l'intérêt de la tâche à exécuter.

La moitié des jeunes salariés interrogés ont classé en tête
de liste la rémunération ; la moitié seulement, ce qui n'est
pas énorme. Cependant, jusque-là, pas de surprise. Avec le
²⁰ salaire, on aurait pu penser que ces éléments annexes - les
avantages sociaux - ou bien une donnée qui implique l'amélioration ultérieure de la rémunération - les possibilités de
promotion - viendraient ensuite. A la rigueur, on pouvait
s'attendre que l'intérêt de la tâche à exécuter soit retenu en
²⁵ bon rang : la parcellisation, la mécanisation, l'automatisation ne sont-elles pas classiquement dénoncées comme les
causes principales de désintérêt du «travail en miettes» ?

Or, il n'en est rien : l'essentiel pour une grande majorité,
aussitôt après le montant de la rémunération et, parfois,
³⁰ même avant, ce sont les relations de travail, les rapports
humains, en un mot l'ambiance. Tout le reste - avantages
sociaux, chances de promotion et même intérêt de la tâche -
vient très loin derrière. Les jeunes redoutent plus que tout la
froideur affective, la distance sociale entre les individus, la
³⁵ hiérarchisation qui s'accompagne de barrières et de discri-

---

1. Bernard Galambaud, sociologue, auteur de *Jeunes travailleurs d'aujourd'hui*,
présenté ici par P. Viansson-Ponté.

minations, les relations professionnelles formalisées, l'organisation bureaucratique. Ils cherchent avant tout des relations vraies, authentiques, franches et cordiales...

Dans son enquête, le sociologue a aussi cherché à savoir
40 quelles qualités le jeune salarié espère trouver chez ses collègues de travail. Il en a proposé quatre, au choix : l'intelligence, la compétence, la franchise et la bonté. Il y a quelques années à peine, les réponses n'auraient guère fait de doute : la compétence d'abord, l'intelligence ensuite - ce qui
45 eût été un peu une autre façon de dire la même chose - puis la bonté et la franchise. Aujourd'hui, c'est un tout autre classement : la franchise vient nettement en tête (46 %), suivie de l'intelligence (31 %). La compétence semble tout à fait secondaire (16 %) et la bonté a carrément mauvaise presse
50 (7 %).

Ainsi le jeune salarié du type nouveau tire-t-il pour l'essentiel sa satisfaction - ou sa résignation - au travail de la qualité des relations qu'il entretient avec ses collègues, éventuellement avec ses supérieurs. Facilement liant, il
55 recherche de préférence des emplois où il rencontrera beaucoup de gens, où il trouvera une ambiance affectivement chaude, où il se sentira compris et accepté. Il se soucie fort peu de promotion - 70 % des jeunes demandeurs d'emploi n'ont aucune ambition, pas d'objectif professionnel, - sur-
60 tout si celle-ci risque de l'isoler. La tâche à exécuter n'est pas une fin en soi. Si les barrières à la communication, les obstacles aux relations, les distances hiérarchiques sont trop marqués, alors il préfère s'en aller, chercher un autre emploi, quitte à prendre le risque d'une période plus ou moins lon-
65 gue de chômage. Car la perte d'un emploi n'est pas perçue comme une catastrophe. La réussite réside dans la franchise et la cordialité du climat que l'on a rencontré ou su créer autour de soi.

Valoriser ainsi les relations de travail au détriment de la
70 tâche à exécuter, c'est un signe de mutation culturelle. Et on voit bien que l'entreprise française de type classique telle qu'elle est organisée, avec sa hiérarchie rigoureuse, son productivisme, la spécialisation étroite, la raideur de sa discipline, sa froide et pesante bureaucratie, ne répond pas du
75 tout à l'état d'esprit et à l'attente de cette jeunesse. D'où vient le dégoût, le refus même, du travail qu'elle ressent et exprime souvent...

Partout, à l'école avec les «copains», dans la famille, dans le couple, le travail a perdu la place centrale qui était la

[80] sienne aux dépens de la recherche du bonheur. Examinant les raisons de cette transformation, le sociologue estime que nous vivons, et en particulier les jeunes salariés, dans un monde où deux systèmes culturels se superposent.

[85] Le système culturel traditionnel reste fondé essentiellement sur les valeurs du travail et de la réussite. Il trouve son application dans l'entreprise. Il passe par les filières classiques de l'école, des succès scolaires et éventuellement universitaires, du diplôme, du choix raisonné d'un métier, du mariage, de l'acharnement au travail, du respect de la hié- [90] rarchie et de la promotion professionnelles et sociales. L'autre système culturel, celui de la nouvelle jeunesse, vise avant tout à fuir l'isolement, à se sentir bien dans sa peau et bien avec d'autres, à nouer facilement des relations directes et franches que l'on abandonnera d'ailleurs aussi aisément. [95] Il privilégie le voyage, devenu l'un des grands mythes des jeunes, le plaisir, dont l'ennemi principal est l'ennui, la fantaisie, l'ouverture et, naturellement, dans le travail, les relations interpersonnelles au détriment des activités de la production ; l'ambiance plutôt que l'intérêt de la tâche et même [100] que la sécurité, la stabilité, la réussite. S'il faut bien gagner de l'argent, puisqu'il est nécessaire pour vivre, qu'au moins cette fonction demeure purement instrumentale. Sinon, le seul recours sera la fuite.

Ces deux cultures sont contradictoires, et chaque jeune [105] travailleur d'aujourd'hui, sauf rares exceptions, participe à la fois, mais de façon très inégale, de l'une et de l'autre. Cette contradiction, que les jeunes doivent affronter, est la source de bien des ambivalences. Elle n'est pas génératrice, comme on l'entend dire trop souvent et comme on le croit [110] parfois, d'arrogance et de désinvolture, mais, au contraire, d'incertitudes, d'inquiétudes, voire d'angoisses.

Chronique hebdomadaire du *Monde*.

JACQUES RIGAUD

Texte sans titre

Rien n'est peut-être plus révélateur de l'état d'une culture que le comportement des êtres à l'égard du hasard et des forces obscures qui les environnent. C'est un éternel combat entre la lucidité et la soumission à la fatalité. Ce qu'il y a
5 d'irrationnel dans la vie peut être réduit par la raison, combattu par l'action, sublimé [1] par l'imaginaire, ou au contraire accepté et exploité par ceux qui ont intérêt à maintenir l'homme dans l'aliénation et la terreur. Depuis le XVIIIe siècle, la politique et la science ont eu une ambition libératrice ;
10 mais le résultat est décevant. Non seulement la part de l'irrationnel ne semble pas avoir diminué en l'homme, mais toutes les tentatives de sublimation ou de libération par la foi, l'art ou l'action ont échoué en partie devant l'insaisissable. Le crépuscule des sorciers s'est changé en matin des
15 magiciens.

Plus que jamais, le hasard fascine nos contemporains, qu'ils le bravent par le jeu ou qu'ils tentent de le déchiffrer par la divination. Le tiercé et l'astrologie sont les pôles de l'esprit et l'espérance des âmes. Les techniques modernes de
20 communication et d'échange transforment en phénomènes de masse ce qu'une antique aspiration avait longtemps maintenu dans des dimensions plus modestes et, de ce fait, plus humaines, plus chargées de sens. L'ordinateur lui-même intervient dans ces industries du hasard auxquelles il ajoute
25 sa part de mystère ; il accoutume insidieusement les êtres à son alchimie de données et les prépare ainsi, mieux que tous les fichiers et tous les raffinements de la technocratie, à accepter que leur sort dépende d'un calcul énigmatique et d'une sentence chiffrée. La télévision et la radio s'en mêlent,
30 qui donnent une priorité absolue au résultat des courses et transforment les cartomanciennes en confesseurs publics. Les techniques les plus sophistiquées mises au service des aspirations les plus obscures de l'être, le devin de village à l'heure des mass media : telle est la plus belle ironie du pro-
35 grès en matière de culture.

---

1. Sublimé : transposé sur un plan supérieur.

Mais le rêve prend d'autres formes. On sait l'audience de la presse dite du cœur et du roman-photo. Une analyse approfondie de cette pseudo-presse et de cette sub-littérature montrerait que l'évasion proposée est l'exact contraire d'une
40 libération. Transfert [1] sur des personnages-vedettes haussés à la dimension mythique, structures de relations humaines fondées sur la soumission, monde sentimental clos et totalement détaché des données économiques et politiques ou n'entretenant avec ces données que des rapports conven-
45 tionnels : tout cela n'est certes pas nouveau et pourrait même passer pour la version modernisée de Cendrillon. Mais les contes d'antan se donnaient du moins pour ce qu'ils étaient ; ils se disaient et s'écoutaient dans un réel esprit d'enfance, et par la médiation d'un langage rustique mais
50 riche. Même si le roman populaire du xixe siècle est déjà une étape dans l'avilissement du rêve, il avait encore la dignité de ce qui est lu. Au lieu que ce dont nous parlons évacue de plus en plus le texte - et quel texte ! - au profit de l'image - et quelle image ! -, et prend soin de se présenter avec toutes les
55 séductions du produit de grande consommation, surgelé, précuit et prédigéré. Ici, nous voyons les techniques les plus modernes travailler à l'appauvrissement du message culturel le plus modeste et à l'accentuation du caractère passif de sa réception.
60 Parler ici du tiercé, des horoscopes et de la presse du cœur peut paraître bizarre et inutilement provocant. Pourtant, si l'on compare les ressources et le temps absorbés par ces pratiques à ce qui est consacré aux activités d'ordre syndical, politique, spirituel ou culturel, ou aux autres loisirs,
65 on est bien obligé de constater, en termes statistiques, leur prédominance et l'importance qu'elles revêtent dans un jeu économique intéressé à leur foisonnement.

La culture pour vivre, Gallimard.

---

1. Transfert : en psychologie, phénomène par lequel un sentiment éprouvé pour un objet est étendu à un autre objet. Ici, l'autre objet est un personnage de la presse du cœur ou des romans-photos.

JEAN-LOUIS LECERCLE

L'amour

L'amour, lié à la vie humaine, garde à travers l'histoire des caractères immuables. Et pourtant, il se transforme sans cesse. Ce qui est permanent c'est l'instinct sexuel, que l'homme possède en commun avec les animaux. Mais
⁵ l'amour est beaucoup plus que la satisfaction d'un instinct. L'animal s'accouple avec le premier individu du sexe opposé qu'il rencontre. L'être humain choisit, et aussitôt que ce choix est fixé, s'il aime vraiment, seul l'élu compte encore pour lui, le reste du sexe n'est plus rien. Dans le choix
¹⁰ entrent en jeu des facteurs très variés, et ce sont eux qui évoluent. D'une époque à l'autre, mieux encore, dans une même époque mais dans des pays très différents, dans un même pays mais dans des milieux différents, on ne cherche pas les mêmes qualités dans l'être aimé. Les mots d'amour changent
¹⁵ de sens à travers les siècles, le halo affectif qui les entoure se modifie d'une classe à l'autre avec le mode de vie, et ils ont un contenu différent selon qu'ils sont prononcés par un banquier ou un ouvrier. La fonction biologique reste la même mais la société change, et avec elle, la culture et les besoins
²⁰ sentimentaux. C'est ainsi que dans la société française d'aujourd'hui il règne dans la jeunesse des deux sexes une camaraderie, une liberté de relations qui auraient fort surpris il y a seulement une génération. Faut-il se louer de cette franchise nouvelle ? Faut-il s'effrayer du danger de dévergon-
²⁵ dage ? Laissons aux moralistes et aux sociologues le soin d'en décider. Ce qui est sûr, c'est que les rapports entre les sexes sont marqués d'un autre style qu'autrefois. Et pourtant tout n'est pas nouveau. L'amour n'est pas seulement un sentiment, c'est un art (l'art d'aimer) sur qui pèse tout un
³⁰ ensemble de traditions que nous apportent la littérature, la musique, les arts plastiques. Les amants mythiques : Tristan et Iseut, Don Juan, etc. ou historiques : Héloïse, Pétrarque et Laure, etc., sont toujours présents parmi nous et conditionnent notre façon d'aimer. Voyons par exemple
³⁵ Félix de Vandenesse qui prétendait aimer Mme de Mortsauf comme Pétrarque avait aimé Laure cinq siècles auparavant. Le couple illustre était pour les deux héros de Balzac un

exemple. En tentant de le suivre, ils s'engageaient dans une voie sans issue, car dans la société que dépeint Balzac, ⁴⁰ l'amour pleinement spiritualisé que chante le canzonière n'est plus possible; du moins il ne peut pas rester longtemps lui-même. L'influence de Pétrarque n'en est pas moins réelle. Quand on sait que le grand poète italien avait lui-même derrière lui l'exemple des troubadours provençaux, on voit ⁴⁵ qu'une chaîne continue relie les héros balzaciens au Moyen Age. Or cette chaîne se prolonge depuis l'époque romantique jusqu'à nos jours à travers tous les poètes, les romanciers, les dramaturges, les moralistes, les philosophes qui ont chanté, décrit, analysé, expliqué le sentiment amoureux.

L'Amour, de l'idéal au réel, Éd. Bordas.

JEAN ONIMUS

Texte sans titre

Pourquoi avoir peur de l'influence? C'est une force qui ne dépend pas de nous, elle jaillit de nous comme la vie même; et, d'autre part, elle n'asservit pas les autres, bien au contraire : elle les libère.

5   D'abord elle ne s'exerce pas de façon mécanique comme un rouage qui engrène sur un autre. Elle se joue de personne à personne, elle est concrète; elle est organique, c'est une fonction vitale. Quelle erreur de croire que quiconque n'a subi aucune influence sera plus original! Au contraire, l'ori-
10 ginalité des autres est la chaîne sur laquelle chacun trame la sienne propre. Nous sommes un peu ce que furent nos parents, nos amis, nos maîtres, avec quelque chose de plus; mais ce que nous avons ajouté n'est point parti de rien. Il a d'abord fallu que nous reflétions ceux que nous aimions.
15 L'enfant élevé dans une institution publique a peut-être plus de mal à constituer sa personnalité que celui qui vit dans sa famille, et là encore l'enfant unique a plus de peine que s'il avait des frères et des sœurs. Ce qui serait grave, évidemment, c'est que l'enfant n'ait qu'un seul maître, tel
20 l'Émile de Rousseau. Le malheureux risquerait de n'être qu'un pantin, une chose entre les mains d'un précepteur omniprésent et obsédant.

Mais quand des influences variées s'exercent sur un esprit, cette diversité même lui permet de s'affranchir et de se
25 former. Le phénomène relève vraiment du vital : on songe à la plante tirant de la terre les sucs qui lui sont nécessaires. Encore faut-il qu'elle dispose d'une terre, et plus cette terre sera riche plus elle en profitera. En réalité, devant l'influence, au lieu de subir, les adolescents normaux au con-
30 traire agissent. Le travail intérieur qui se déclenche alors peut être d'une violence et d'une ardeur intenses : il n'y a rien de passif dans le travail spirituel. Au reste il n'y aurait rien de plus naïf que de prétendre «préserver des influences». La vie de l'esprit, comme toute vie, est une aventure, et les
35 risques pour elle sont partout; à chaque instant le piège, le scandale peuvent la happer, la retenir en prison, parfois pour toujours. Certes la vie n'est pas neutre! Le mal s'y étale de

JEAN ROSTAND

L'amélioration scientifique de l'homme

Il est permis de se demander si, un jour ou l'autre, l'homme ne prendra pas en main la direction de son progrès, physique et moral, en pratiquant sur lui-même une «sélection artificielle» analogue à celle qu'il pratique sur ses ani-
5 maux domestiques lorsqu'il veut renforcer tels ou tels caractères tenus pour avantageux.

Qu'il s'agisse d'une eugénique [1] négative, par l'élimination des tarés, ou d'une eugénique positive, par l'emploi de méthodes propres à favoriser la génération des meilleurs, la
10 conscience collective s'y montre assez réfractaire ; et je pense que, pour l'instant, un contrôle de la reproduction humaine provoquerait dans le corps social un malaise hors de proportion avec l'avantage qu'on en pourrait escompter. Il est possible que, dans le futur, ce genre de scrupules
15 viennent à s'affaiblir. Nul doute qu'une «conscience eugénique» ne soit en voie de formation, et que, peu à peu, les humains n'éclairent le sentiment de leur responsabilité procréatrice envers leur progéniture ou envers l'espèce.

Non seulement on s'est élevé contre le caractère dégra-
20 dant et «vétérinaire» des pratiques sélectives qu'exigeait l'amélioration de l'homme, mais on a formulé des craintes touchant les conséquences mêmes de cette amélioration.

Rémy Collin, par exemple, se demande «s'il est indispensable pour le bonheur de l'humanité que le génie coure les
25 rues... Il s'agit de savoir si les hommes de génie sont plus heureux que les autres, ce qui est infiniment peu probable, et, d'autre part, si, en bouleversant la composition des populations, nous n'allons pas les vouer tout entières à la misère et à la ruine».
30 En premier lieu, je pense que la notion de bonheur est une notion trop vague, trop subjective, pour être utilisable ; et, de surcroît, je me refuse à penser que nous puissions ne pas avoir intérêt, au bout du compte, à accroître le nombre des esprits supérieurs, alors même que cet accroissement dût
35 avoir pour premier effet d'introduire quelque perturbation

1. Eugénique : pratique de la science qui s'occupe de l'amélioration de l'espèce.

nos jours cyniquement comme si les hommes voulaient au plus tôt souiller des regards dont l'innocence leur pèse. Ce 40 qui doit nous rassurer c'est que, dans une certaine mesure, on ne se laisse aller qu'aux influences auxquelles on était déjà préparé. Dans un être sain, les influences morbides ne passent pas : il n'est pas conducteur. On mérite, au fond, les influences qu'on subit ; elles sont la conséquence de tout un 45 travail antérieur. Plus on s'élève, plus on découvre de hautes références et réciproquement : la faculté d'admiration, c'est-à-dire l'ouverture de l'âme, est au niveau, exactement au niveau de la vie spirituelle.

L'influence nous échappe donc à tous égards : nous n'en 50 sommes point les maîtres et nous ne pouvons ni la supprimer ni la diriger à coup sûr. Nous sommes dans le domaine de la vie ; il faut lui faire confiance. Si l'on rationalise l'influence, on aboutit à la propagande. Cela consiste à transformer l'influence naturelle en technique et à en appli- 55 quer méthodiquement les procédés. Changer la pensée en choses, en slogans, la bonne foi en un système de truquages bien mis au point et efficaces, changer enfin le respect des consciences en viol des consciences, tel est le bouleversement qu'introduit dans le jeu libre et naturel des influences 60 l'emploi d'une technique rationnelle. Nous sommes sortis de la liberté pour entrer dans le dressage. Nous avons abandonné le respect des autres pour le mépris, nous ne formons plus des hommes mais des esclaves. De l'influence à la propagande il y a le passage, perpétuel dans le monde moderne, de 65 la vie à la mort, de la nature à la technique, du respect de l'homme à la manipulation de l'homme, bref de l'humanisme à la barbarie. Certes la propagande est infiniment efficace parce que c'est de l'influence scientifique élaborée. Dans un monde où l'efficacité prime tout, seule peut nous protéger 70 contre cette tentation l'influence vivante de l'humanisme dont le propre est de donner à l'esprit le goût de la liberté.

L'enseignement des lettres et la vie, Éd. Desclée de Brouwer.

dans notre vieil ordre social. L'incessante complication des sciences et des techniques réclamera des cerveaux d'un «calibre» toujours plus gros; et, en face des effroyables menaces que l'homme fait peser sur lui-même, on doit se demander
40 s'il pourra se sauver autrement qu'en se dépassant.

Jusqu'en ces dernières années, la biologie n'avait d'autre ambition, en ce qui concerne l'homme, que d'améliorer l'état physique ou moral des sujets malades ou anormaux : son but était de corriger, de guérir, de redresser, en un mot, de
45 restituer à l'individu - par la médecine ou la chirurgie - la plénitude de sa condition normale. Dès aujourd'hui, ses prétentions se font plus vastes, plus hardies : tournant ses regards vers l'homme sain, vers l'homme bien portant, elle commence à se demander si, en bien des cas, elle ne pourrait
50 faire mieux que n'avait fait jusqu'ici la nature. Et l'on conçoit toute la hardiesse d'un tel programme, qui ne vise à rien de moins qu'à introduire dans le vieux jeu de la nature - jeu imparfait sans doute, mais qui a fait ses preuves par la durée - tous les aléas du neuf et de l'artifice.
55 Inévitablement toutes ces découvertes, toutes ces inventions amèneront à l'homme force difficultés et lui créeront bien des embarras. Pour ne parler que de l'allongement de la vie, n'en résulterait-il pas un encombrement de la planète avec tous les inconvénients qu'on peut attendre d'une abu-
60 sive persistance des mêmes individus ? Quant à l'intrusion des techniques biologiques dans les mœurs humaines, et surtout dans l'intimité de la personne, que d'incertitudes, que de débats, avant de décider ce qui sera licite, ce qui sera souhaitable, ce qui sera conforme à l'intérêt de la collectivité et
65 compatible avec ses normes, ses idéaux !

Quelle que soit la délicatesse de ces options, en quelque trouble que nous jettent ces conflits, on ne devra y voir que l'inévitable rançon de l'accroissement du pouvoir et du savoir. Toute puissance nouvelle ne peut qu'elle ne com-
70 plique notre vie morale, en nous forçant à choisir entre l'abstention et l'intervention, qui engagent mêmement notre responsabilité. Gardons-nous, en tout cas, de faire grief à la science des difficultés où elle nous mettra : ce n'est pas d'aujourd'hui que nous savons que vivre est plus ardu pour
75 l'homme fait que pour l'enfant.

Ce que je crois, Éd. Grasset.

EUGÈNE IONESCO
Penser par soi-même

Je n'affirmerai point que de nos jours l'on ne pense pas.
Mais on pense sur ce que quelques maîtres vous donnent à
penser, on pense sur ce qu'ils pensent, si on ne pense pas
exactement ce qu'ils pensent, en répétant ou en paraphra-
5 sant. En tout cas, on peut observer que trois ou quatre penseurs ont l'initiative de la pensée et choisissent leurs armes,
leur terrain; et les milliers d'autres penseurs croyant penser
se débattent dans les filets de la pensée des trois autres, prisonniers des termes du problème qu'on leur impose. Le pro-
10 blème imposé peut avoir son importance. Il y a aussi
d'autres problèmes, d'autres aspects de la réalité, du monde :
et le moins qu'on puisse dire des maîtres à penser, c'est
qu'ils nous enferment dans leur doctorale ou moins doctorale subjectivité, qui nous cache, comme un écran, l'innom-
15 brable variété des perspectives possibles de l'esprit.

Mais penser par soi-même, découvrir soi-même les problèmes est une chose bien difficile. Il est tellement plus commode de se nourrir d'aliments prédigérés. Nous sommes ou
avons été des élèves de tel ou tel professeur. Celui-ci nous a
20 non seulement instruits, il nous a fait subir son influence, sa
façon de voir, sa doctrine, sa vérité subjective. En un mot, il
nous a «formés». C'est le hasard qui nous a formés : car si le
même hasard nous avait inscrits à une autre école, un autre
professeur nous aurait façonnés intellectuellement à son
25 image, et nous aurions sans doute pensé de manière différente.

Il ne s'agit certainement pas de repousser les données
qu'on nous présente et de mépriser les choix, les formules,
les solutions des autres : cela n'est d'ailleurs pas possible;
30 mais on doit repenser tout ce qu'on veut nous faire penser,
les termes dans lesquels on veut nous faire penser, tâcher de
voir ce qu'il y a de subjectif, de particulier dans ce qui est
présenté comme objectif ou général; il s'agit de nous méfier
et de soumettre nos propres examinateurs à notre libre
35 examen, et de n'adopter ou non leur point de vue qu'après ce
travail fait. Je crois qu'il est préférable de penser mala-

droitement, courtement, comme on peut, que de répéter les
slogans inférieurs, moyens ou supérieurs qui courent les
rues. Un homme, fût-il sot, vaut quand même mieux qu'un
⁴⁰ âne intelligent et savant ; mes petites découvertes et mes pla-
titudes ont davantage de valeur, contiennent plus de vérités
pour moi que n'ont de signification pour un perroquet les
brillants ou subtils aphorismes qu'il ne fait que répéter.

Les jeunes, surtout, sont l'objet de sollicitations de toutes
⁴⁵ sortes, et les foules. Les politiciens veulent obtenir des voix,
les maîtres à penser sont en quête de disciples : un maître à
penser prêchant dans le désert, ce serait trop risible ; on veut
agir sur les autres, on veut les avoir, on veut être suivi, on
veut forcer les autres de vous suivre, alors qu'au lieu d'im-
⁵⁰ poser ses idées ou ses passions, sa personnalité, c'est la personnalité des autres qu'un bon maître devrait essayer d'aider
à développer. Il est, je sais, bien difficile de se rendre compte
dans quelle mesure l'idéologie d'un idéologue est ou n'est
pas l'expression d'un désir d'affirmation de soi, d'une volon-
⁵⁵ té de puissance personnelle ; c'est bien pour cela qu'il n'en
faut être que plus vigilant.

Notes et Contre-notes, Gallimard.

ROLAND BARTHES

Le plastique

Malgré ses noms de berger grec (Polystyrène, Phéno-
plaste, Polyvinyle, Polyéthylène), le plastique, dont on vient
de concentrer les produits dans une exposition, est essentiellement une substance alchimique. A l'entrée du stand, le
5 public fait longuement la queue pour voir s'accomplir l'opération magique par excellence : la conversion de la matière.
Une machine idéale, tubulée et oblongue (forme propre à
manifester le secret d'un itinéraire) tire sans effort, d'un tas
de cristaux verdâtres, des vide-poches brillants et cannelés.
10 D'un côté, la matière brute, tellurique [1], et de l'autre, l'objet
parfait, humain et entre ces deux extrêmes, rien ; rien qu'un
trajet, à peine surveillé par un employé en casquette, mi-
dieu, mi-robot.

Ainsi, plus qu'une substance, le plastique est l'idée même
15 de sa transformation infinie, il est, comme son nom vulgaire
l'indique, l'ubiquité [2] rendue visible ; et c'est d'ailleurs en
cela qu'il est une matière miraculeuse : le miracle est toujours une conversion brusque de la nature. Le plastique reste
tout imprégné de cet étonnement : il est moins objet que
20 trace d'un mouvement.

Et comme ce mouvement est ici à peu près infini, transfor-
mant les cristaux originels en une multitude d'objets de plus
en plus surprenants, le plastique est en somme un spectacle
à déchiffrer : celui-là même de ses aboutissements. Devant
25 chaque forme terminale (valise, brosse, carrosserie d'auto,
jouet, étoffe, tuyau, cuvette ou papier), l'esprit ne cesse de
poser la matière primitive comme un rébus. C'est que le
frégolisme [3] du plastique est total : il peut former aussi bien
des seaux que des bijoux. D'où un étonnement perpétuel, le
30 songe de l'homme devant des proliférations de la matière,
devant les liaisons qu'il surprend entre le singulier de l'origine et le pluriel des effets. Cet étonnement est d'ailleurs

1. *Tellurique :* qui entretient un rapport direct avec le sol, la terre.
2. *L'ubiquité :* le fait d'être présent en plusieurs lieux différents au même
moment.
3. *Le frégolisme :* nom formé sur celui de Fregoli, célèbre acteur italien du
début du siècle, qui tenait tous les rôles à la fois dans ses spectacles.

heureux, puisqu'à l'étendue des transformations l'homme
mesure sa puissance, et que l'itinéraire même du plastique
35 lui donne l'euphorie d'un glissement prestigieux le long de la
Nature...

... La mode du plastique accuse une évolution dans le
mythe du *Simili*. On sait que le *Simili* est un usage histori-
quement bourgeois (les premiers postiches vestimentaires
40 datent de l'avènement du capitalisme); mais jusqu'à présent,
le *Simili* a toujours marqué de la prétention, il faisait partie
d'un monde du paraître, non de l'usage; il visait à reproduire à moindres frais les substances les plus rares, le dia-
mant, la soie, la plume, la fourrure, l'argent, toute la bril-
45 lance luxueuse du monde. Le plastique en rabat [1], c'est une
substance ménagère. C'est la première matière magique qui
consent au prosaïsme [2] : mais c'est précisément parce que
ce prosaïsme lui est une raison triomphante d'exister : pour
la première fois, l'artifice vise au commun, non au rare. Et
50 du même coup, la fonction ancestrale de la nature est
modifiée : elle n'est plus l'Idée, la pure Substance à retrouver
ou à imiter ; une matière artificielle, plus féconde que tous
les gisements du monde, va la remplacer, commander
l'invention même des formes. Un objet luxueux tient tou-
55 jours à la terre, rappelle toujours d'une façon précieuse son
origine minérale ou animale, le thème naturel dont il n'est
qu'une actualité. Le plastique est tout entier englouti dans
son usage : à la limite, on inventera des objets pour le plaisir
d'en user. La hiérarchie des substances est abolie, une seule
60 les remplace toutes : le monde entier peut être plastifié, et la
vie elle-même, puisque, paraît-il, on commence à fabriquer
des aortes en plastique.

Mythologies, Éd. du Seuil.

1. *Rabattre de ses prétentions :* restreindre ses prétentions.
2. *le prosaïsme :* le fait de manquer de noblesse, d'idéal, de poésie, ... d'être par
trop terre à terre.

PAUL VALÉRY

Robinson

«Robinson avait assez assuré sa subsistance et presque pris ses aises dans son île.

Il s'était bâti un bon toit. Il s'était fait des habits de palmes et de plumes, des bottes souples, un chapeau
5 immense et léger. Il avait amené l'eau pure tout auprès de lui, jusque dans l'ombre de sa hutte. Le feu lui obéissait, il l'éveillait quand il voulait. Une multitude de poissons séchés et fumés pendaient aux membres de bois de la case ; et de grandes corbeilles qu'il avait tressées étaient pleines de
10 galettes grossières, si dures qu'elles pouvaient se garder éternellement.

Robinson commençait d'oublier ses commencements. Le temps qu'il allait tout nu et qu'il devait tout le jour courir après son dîner lui semblait déjà pâle et historique.
15 Même il s'émerveillait à présent des œuvres de ses mains. Ses travaux assemblés étonnaient quelquefois ses regards. Il avait grand-peine à se sentir l'auteur de cet ensemble qui le contentait, mais qui ne laissait pas de le dominer. Quoi de plus étranger à tout créateur que le total de son ouvrage ?
20 Une demeure bien assise, des conserves surabondantes, toutes les sûretés essentielles retrouvées, ont le loisir pour conséquence. C'est le fruit des fruits que le calme et la certitude. Robinson au milieu de ses biens se sentait confusément redevenir un homme, c'est-à-dire un être indécis. Il respirait
25 distraitement, il ne savait quels fantômes poursuivre. Il était menacé de songes et d'ennui. Le soleil lui semblait beau et le rendait triste.

Contempler des monceaux de nourriture durable, n'est-ce point voir du temps de reste et des actes épargnés ? Une
30 caisse de biscuits, c'est tout un mois de paresse et de vie. Des pots de viande confite, et des couffes de fibre bourrées de graines et de noix sont un trésor de quiétude ; tout un hiver tranquille est en puissance dans leur parfum.

Robinson humait la présence de l'avenir dans la senteur
35 des caissons et des coffres de sa cambuse. Son trésor dégageait de l'oisiveté. Il en émanait de la durée, comme il émane de certains métaux une sorte de chaleur absolue.

Il ressentait confusément que son triomphe était celui de
la vie, qu'il était un agent de la vie, et qu'il avait accompli la
⁴⁰ tâche essentielle de la vie qui est de transporter jusqu'au
lendemain les effets et les fruits du labeur de la veille. L'humanité ne s'est lentement élevée que sur le tas de ce qui dure.
Prévisions, provisions, peu à peu nous ont détachés de la rigueur de nos nécessités animales et du *mot à mot* de nos
⁴⁵ besoins. La nature le suggérait : elle a fait que nous portions
avec nous de quoi résister quelque peu à l'inconstance des
événements ; la graisse qui est sur nos membres, la mémoire
qui se tient toute prête dans l'épaisseur de nos âmes, ce sont
des modèles de ressources réservées que notre industrie a
⁵⁰ imités. »

Extrait d'« Histoires brisées », *Œuvres*, II, Gallimard, Pléiade.

PAUL VALÉRY

Notre milieu est notre éducateur

L'éducation ne se borne pas à l'enfance et à l'adolescence.
L'enseignement ne se limite pas à l'école. Toute la vie, notre
milieu est notre éducateur, et un éducateur à la fois sévère et
dangereux. Sévère, car les fautes ici se paient plus sérieuse-
⁵ ment que dans les collèges, et dangereux, car nous n'avons
guère conscience de cette action éducatrice, bonne ou mauvaise, du milieu et de nos semblables. Nous apprenons
quelque chose à chaque instant ; mais ces leçons immédiates
sont en général insensibles. Nous sommes faits, pour une
¹⁰ grande part, de tous les événements qui ont eu prise sur
nous ; mais nous n'en distinguons pas les effets qui s'accu-
mulent et se combinent en nous. Voyons d'un peu plus près
comment cette éducation de hasard nous modifie.
Je distinguerai deux sortes de ces leçons accidentelles de
¹⁵ tous les instants : les unes, qui sont les bonnes, ou, du moins,
qui pourraient l'être, ce sont les *leçons de choses,* ce sont les

expériences qui nous sont imposées, ce sont les faits qui sont
directement observés ou subis par nous-mêmes. Plus cette
observation est directe, plus nous percevons directement les
20 choses, ou les événements, ou les êtres, sans traduire aussitôt
nos impressions en clichés, en formules toutes faites, et plus
ces perceptions ont de valeur. J'ajoute - ce n'est pas un paradoxe - qu'une perception directe est d'autant plus précieuse
que nous savons moins l'exprimer. Plus elle met en défaut
25 les ressources de notre langage, plus elle nous contraint à les
développer.

Nous possédons en nous toute une réserve de formules, de
dénominations, de locutions, toutes prêtes, qui sont de pure
imitation, qui nous délivrent du soin de penser, et que nous
30 avons tendance à prendre pour des solutions valables et
appropriées.

Nous répondrons le plus souvent à ce qui nous frappe par
des paroles dont nous ne sommes pas les véritables auteurs.
Notre pensée - ou ce que nous prenons pour notre pensée -
35 n'est alors qu'une simple réponse automatique. C'est pourquoi il faut difficilement se croire soi-même *sur parole*. Je
veux dire que la parole qui nous vient à l'esprit, généralement n'est pas de nous.

Mais d'où vient-elle ? C'est ici que se manifeste le second
40 genre de leçons dont je vous parlais. Ce sont celles qui ne
nous sont pas données par notre expérience personnelle
directe, mais que nous tenons de nos lectures ou de la
bouche d'autrui.

Vous le savez, mais vous ne l'avez peut-être pas assez
45 médité, à quel point l'ère moderne est *parlante*. Nos villes
sont couvertes de gigantesques écritures. La nuit même est
peuplée de mots de feu. Dès le matin, des feuilles imprimées
innombrables sont aux mains des passants, des voyageurs
dans les trains, et des paresseux dans leurs lits. Il suffit de
50 tourner un bouton dans sa chambre pour entendre les voix
du monde, et parfois la voix de nos maîtres. Quant aux
livres, on n'en a jamais tant publiés. On n'a jamais tant lu,
ou plutôt parcouru !

Que peut-il résulter de cette grande débauche ?
55 Les mêmes effets que je vous décrivais tout à l'heure ;
mais cette fois, c'est notre sensibilité verbale qui est brutali-
sée, émoussée, dégradée... Le langage s'use en nous.

L'épithète est dépréciée. L'inflation de la publicité a fait
tomber à rien la puissance des adjectifs les plus forts. La
60 louange et même l'injure sont dans la détresse ; on doit se

fatiguer l'esprit à chercher de quoi glorifier ou insulter les gens!

D'ailleurs, la quantité des publications, leur fréquence diurne, le flux des choses qui s'impriment ou se diffusent, 65 emportent du matin au soir les jugements et les impressions, les mélangent et les malaxent, et font de nos cervelles une substance véritablement grise, où rien ne dure, rien ne domine, et nous éprouvons l'étrange impression de la monotonie de la nouveauté, et de l'ennui des merveilles et des 70 extrêmes.

Que faut-il conclure de ces constatations?

Si incomplètes qu'elles soient, je pense qu'elles suffisent à faire concevoir des craintes sérieuses sur les destins de l'intelligence telle que nous la connaissons jusqu'ici. Nous 75 sommes en possession d'un modèle de l'esprit et de divers étalons de valeur intellectuelle qui, quoique fort anciens, - pour ne pas dire : immémoriaux, - ne sont peut-être pas éternels.

Par exemple, nous n'imaginons guère encore que le travail 80 mental puisse être collectif. L'individu semble essentiel à l'accroissement de la science la plus élevée et à la production des arts.

Quant à moi, je m'en tiens énergiquement à cette opinion ; mais j'y reconnais mon sentiment propre, et je sais que je 85 dois douter de mon sentiment : plus il est fort, plus j'y retrouve ma personne et je me dis qu'il ne faut pas essayer de lire dans une personne les lignes de l'avenir. Je m'oblige à ne pas me prononcer sur les grandes énigmes que nous propose l'ère moderne. Je vois qu'elle soumet nos esprits à des 90 épreuves inouïes.

Propos sur l'Intelligence, extrait de «Essais quasi-politiques», Gallimard, Pléiade.

ALAIN

Victoires

Dès qu'un homme cherche le bonheur, il est condamné à ne pas le trouver, et il n'y a point de mystère là-dedans. Le bonheur n'est pas comme cet objet de vitrine, que vous pouvez choisir, payer, emporter ; si vous l'avez bien regardé,
⁵ il sera bleu ou rouge chez vous comme dans la vitrine. Tandis que le bonheur n'est bonheur que quand vous le tenez ; si vous le cherchez dans le monde, hors de vous-même, jamais rien n'aura l'aspect du bonheur. En somme on ne peut ni raisonner ni prévoir au sujet du bonheur ; il faut l'avoir mainte-
¹⁰ nant. Quand il paraît être dans l'avenir, songez-y bien, c'est que vous l'avez déjà. Espérer, c'est être heureux.

Les poètes expliquent souvent mal les choses ; et je le comprends bien ; ils ont tant de mal à ajuster les syllabes et les rimes qu'ils sont condamnés à rester dans les lieux com-
¹⁵ muns. Ils disent que le bonheur resplendit tant qu'il est au loin et dans l'avenir, et que, lorsqu'on le tient, ce n'est plus rien de bon ; comme si on voulait saisir l'arc-en-ciel, ou tenir la source dans le creux de sa main. Mais c'est parler grossièrement. Il est impossible de poursuivre le bonheur, sinon
²⁰ en paroles ; et ce qui attriste surtout ceux qui cherchent le bonheur autour d'eux, c'est qu'ils n'arrivent pas du tout à le désirer. Jouer au bridge, cela ne me dit rien, parce que je n'y joue pas. La boxe et l'escrime, de même. La musique, de même, ne peut plaire qu'à celui qui a vaincu d'abord cer-
²⁵ taines difficultés ; la lecture, de même. Il faut du courage pour entrer dans Balzac ; on commence par s'y ennuyer. Le geste du lecteur paresseux est bien plaisant ; il feuillette, il lit quelques lignes, il jette le livre ; le bonheur de lire est tellement imprévisible qu'un lecteur exercé s'en étonne lui-
³⁰ même. La science ne plaît pas en perspective ; il faut y entrer. Et il faut une contrainte au commencement et une difficulté toujours. Un travail réglé et des victoires après des victoires, voilà sans doute la formule du bonheur. Et quand l'action est commune, comme dans le jeu de cartes, ou dans
³⁵ la musique, ou dans la guerre, c'est alors que le bonheur est vif.

Mais il y a des bonheurs solitaires qui portent toujours les

mêmes marques, action, travail, victoire ; ainsi le bonheur de
l'avare ou du collectionneur, qui, du reste, se ressemblent
40 beaucoup. D'où vient que l'avarice est prise pour un vice,
surtout si l'avare en vient à s'attarder aux vieilles pièces
d'or, tandis que l'on admire plutôt celui qui met en vitrine
des émaux, ou des ivoires, ou des peintures, ou des livres
rares ? On se moque de l'avare qui ne veut pas changer son
45 or pour d'autres plaisirs, alors qu'il y a des collectionneurs
de livres qui n'y lisent jamais, de peur de les salir. Dans le
vrai, ces bonheurs-là, comme tous les bonheurs, sont impos-
sibles à goûter de loin ; c'est le collectionneur qui aime les
timbres-poste, et je n'y comprends rien. De même c'est le bo-
50 xeur qui aime la boxe et le chasseur qui aime la chasse, et le
politique qui aime la politique. C'est dans l'action libre
qu'on est heureux ; c'est par la règle que l'on se donne qu'on
est heureux ; par la discipline acceptée en un mot, soit au jeu
de football, soit à l'étude des sciences. Et ces obligations
55 vues de loin ne plaisent pas, mais au contraire déplaisent. Le
bonheur est une récompense qui vient à ceux qui ne l'ont pas
cherchée.

Propos sur le bonheur, Gallimard, Idées.

HENRY DE MONTHERLANT

Texte sans titre

Un dictionnaire contemporain définit l'ascèse : « ensemble
d'exercices physiques et moraux qui tendent à l'affran-
chissement de l'esprit par le mépris du corps ». Si cette définition est bonne comment parler d'une ascèse sportive, qui
5 est au contraire un perfectionnement de l'esprit ou plutôt de
la conscience morale, ou mieux encore du caractère, par le
perfectionnement du corps ? Et cependant tout le monde me
comprendra quand je dirai que l'ascèse sportive, c'est-à-dire

le perfectionnement du corps en vue de garder une bonne
¹⁰ condition athlétique, fut poussée à un moment si loin, que
j'ai vu la chasteté recommandée nommément dans un des
bulletins de l'important Stade français, et que le rigorisme
fut tel, à un moment, qu'un des fondateurs du club se van-
tait, dans le même bulletin, d'avoir renvoyé du club, séance
¹⁵ tenante, un jeune homme qu'il avait vu fumer au stade! Il
n'était pas question que cet acte de fumer fût une impo-
litesse, mais qu'il fût contraire à ce qu'on doit à son corps.
Toujours dans ce bulletin, un des dirigeants racontait avec
enthousiasme qu'il avait entendu un «petit soldat» dire à son
²⁰ camarade : «Tu sais, le sport, c'est un sacerdoce!» Entrer
«en sport» comme on entre en religion.

   La croyance que culture physique égale culture morale
est moins folle que celle des anciens Grecs, pour qui beauté
égale moralité. Elle reste folle... Pierre de Coubertin a mis
²⁵ les choses au point avec sagesse : «Une confusion entre le
caractère et la vertu. Les qualités du caractère ne relèvent
pas de la morale; elles ne sont pas du domaine de la
conscience. Ces qualités ce sont le courage, l'énergie, la
volonté, la persévérance, l'endurance. De grands criminels et
³⁰ même de franches canailles les ont possédées. Voilà pourquoi la doctrine de la moralisation directe par le sport est
fausse et inquiétante... Le sport n'est qu'un adjuvant indirect
de la morale.»

   Je suis plus favorable que Pierre de Coubertin à une cer-
³⁵ taine parenté de la culture physique et de la culture morale.
Il est entendu que la «morale du sport» n'est souvent qu'une
affaire de volonté pour obtenir, dans le sport, certains résultats. Un garçon est chaste pour conserver sa forme athlétique; un garçon est franc (ou du moins agit comme s'il était
⁴⁰ franc) parce que, sans franchise, on «ne peut plus jouer».
Cette chasteté, cette franchise sont des «donnant-donnant»,
et rien de plus. Mais le «Fair Play», le fait de souffrir l'injustice des arbitres ou du public, le sens de la mesure, la discipline, la solidarité avec les camarades, la fraternisation avec
⁴⁵ l'adversaire sont des vertus qui dépassent le sport et qui ressortissent, bel et bien, à la morale et à la haute morale.

       Mais aimons-nous ceux que nous aimons? Gallimard.

A. DE TOCQUEVILLE

Texte sans titre

Je regarde comme impie et détestable cette maxime qu'en matière de gouvernement la majorité d'un peuple a le droit de tout faire, et pourtant je place dans les volontés de la majorité l'origine de tous les pouvoirs. Suis-je en contradic-
⁵ tion avec moi-même ?

Il existe une loi générale qui a été faite ou du moins adoptée non pas seulement par la majorité de tel ou tel peuple, mais par la majorité de tous les hommes. Cette loi, c'est la justice. La justice forme donc la borne du droit de chaque
¹⁰ peuple... Et quand je refuse d'obéir à une loi injuste, je ne dénie point à la majorité le droit de commander ; j'en appelle seulement de la souveraineté du peuple à la souveraineté du genre humain.

Il y a des gens qui n'ont pas craint de dire qu'un peuple,
¹⁵ dans les objets qui n'intéressaient que lui-même, ne pouvait sortir entièrement des limites de la justice et de la raison, et qu'ainsi on ne devait pas craindre de donner tout pouvoir à la majorité qui le représente. Mais c'est là un langage d'esclave.
²⁰ Qu'est-ce donc qu'une majorité prise collectivement, sinon un individu qui a des opinions et le plus souvent des intérêts contraires à un autre individu qu'on nomme la minorité ?... Les hommes, en se réunissant, ont-ils changé de caractère ? Sont-ils devenus plus patients dans les obstacles
²⁵ en devenant plus forts ? Pour moi, je ne saurais le croire ; et le pouvoir de tout faire, que je refuse à un seul de mes semblables, je ne l'accorderai jamais à plusieurs.

Ce n'est pas que, pour conserver la liberté, je croie qu'on puisse mélanger plusieurs principes dans un même gouver-
³⁰ nement, de manière à les opposer réellement l'un à l'autre. Le gouvernement qu'on appelle mixte m'a toujours semblé une chimère. Il n'y a pas, à vrai dire, de gouvernement mixte (dans le sens qu'on donne à ce mot), parce que, dans chaque société, on finit par découvrir un principe d'action qui
³⁵ domine tous les autres.

L'Angleterre du dernier siècle, qu'on a particulièrement citée comme exemple de ces sortes de gouvernements, était un État essentiellement aristocratique, bien qu'il se trouvât

dans son sein de grands éléments de démocratie ; car les lois
⁴⁰ et les mœurs y étaient ainsi établies que l'aristocratie devait
toujours, à la longue, y prédominer et diriger à sa volonté les
affaires publiques. L'erreur est venue de ce que, voyant sans
cesse les intérêts des grands aux prises avec ceux du peuple,
on n'a songé qu'à la lutte, au lieu de faire attention au résul-
⁴⁵ tat de cette lutte, qui était le point important. Quand une
société en vient à avoir réellement un gouvernement mixte,
c'est-à-dire également partagé entre des principes contraires,
elle entre en révolution ou elle se dissout.

Je pense donc qu'il faut toujours placer quelque part un
⁵⁰ pouvoir social supérieur à tous les autres, mais je crois la
liberté en péril lorsque ce pouvoir ne trouve devant lui aucun
obstacle qui puisse retenir sa marche et lui donner le temps
de se modérer lui-même. La toute-puissance me semble en
soi une chose mauvaise et dangereuse. Son exercice me
⁵⁵ paraît au-dessus des forces de l'homme, quel qu'il soit, et je
ne vois que Dieu qui puisse sans danger être tout-puissant,
parce que sa sagesse et sa justice sont toujours égales à son
pouvoir. Il n'y a donc pas sur la terre d'autorité si respec-
table en elle-même, ou revêtue d'un droit si sacré, que je
⁶⁰ voulusse laisser agir sans contrôle et dominer sans obstacles. Lors donc que je vois accorder le droit et la faculté de
tout faire à une puissance quelconque, qu'on appelle peuple
ou roi, démocratie ou aristocratie, qu'on l'exerce dans une
monarchie ou dans une république, je dis : là est le germe de
⁶⁵ la tyrannie, et je cherche à aller vivre sous d'autres lois.

De la démocratie en Amérique (1835-1840).

JEAN HAMBURGER
Un appétit de justice

L'auteur a montré dans les pages précédentes que, du point de vue strictement biologique, au sein des espèces animales comme de l'espèce humaine, « il n'y a pas hors les jumeaux vrais deux individus semblables ».

... Dans toutes les espèces vivantes, hommes compris, l'originalité de chaque individu n'est pas simple fantaisie de la nature : elle joue sans doute un rôle essentiel dans la survivance de l'espèce. La pluralité des personnes, leur inégalité
5 fondamentale sont presque sûrement des forces de résistance dans le jeu de la sélection naturelle. Or, le truchement [1] de cette résistance nous heurte parce qu'il est fondé sur l'élimination des points faibles (j'entends les individus qui s'adaptent mal à une agression donnée) et la survivance des
10 points forts (je veux dire les individus qui résistent à cette agression et permettent à l'espèce de passer au travers des événements hostiles). Ce rôle biologique de l'inégalité a de quoi choquer les désirs les plus profonds de l'esprit humain, notre appétit de justice, notre penchant pour la défense de
15 l'homme seul, le prix que nous attachons - médecine en tête - à son humble et éphémère personne, notre recherche d'une certaine égalité des hommes devant la vie.

Est-il besoin de rappeler que nul autre être vivant ne connaît de tels sentiments ? Le concept moral, l'idée de bien
20 et de mal, n'apparaissent qu'avec l'espèce humaine. Qu'il soit mal d'assassiner son prochain ne vient pas à l'esprit de l'abeille lorsqu'elle obéit sans hésitation à la règle de sa cité, où toute reine en trop est aussitôt mise à mort. L'idée du bien et du mal n'a rien à voir avec les observations de Kon-
25 rad Lorenz sur le poisson Apistogramme de Ramigrez, qui, en élevage, dévore ses œufs et ses petits, alors que, dans son milieu naturel, il les respecte. Cent autres exemples pourraient être apportés : tout ce que la morale humaine réprouve avec force, l'injustice, l'inégalité, la cruauté, n'a,
30 chez l'animal, aucun sens. Pour l'animal, la finalité semble bien différente : c'est avant tout la survie, survie individuelle et plus encore survie de l'espèce. Peut-être même l'animal est-il programmé en fonction d'un plus vaste dessein, à savoir un équilibre sur la terre entre toutes les espèces
35 vivantes : je fais allusion à des histoires comme celle des élans et des loups de l'Isle Royale du Lac Supérieur.

1. Truchement : ici, *moyen d'action*.

138

Les élans pénétrèrent un jour dans l'île, à la faveur d'un hiver rigoureux où le lac était gelé et formait un pont entre l'île et le continent canadien ; ils y trouvèrent un paradis, 40 nourriture plantureuse et pas le moindre loup ; ils s'y multiplièrent tant et si bien que la nourriture végétale foisonnante vint à manquer et que la famine commença à faire des ravages dans la population surabondante d'élans. Pour lutter contre cette surabondance, les gardes forestiers intro- 45 duisirent quelques loups, fournis par un jardin zoologique - des loups de bonne compagnie qui refusèrent de poursuivre les élans à la course et qu'on finit par reprendre pour les rendre à leur zoo d'origine. Survint un autre hiver exceptionnellement froid, le lac gela à nouveau et une bande de loups 50 sauvages en profita pour s'introduire dans l'île : ils commencèrent à faire la chasse aux élans, tuant les plus faibles et les plus mal nourris. Aujourd'hui, les populations d'élans, et aussi de loups, s'équilibrent naturellement et l'île est occupée par un nombre fixe d'environ trois cents élans et vingt-cinq 55 loups ; trois cents élans qui ne redoutent plus la famine parce que les loups prédateurs en régularisent le nombre, assassinant et dévorant le surplus.

Ainsi les règles que les aspirations généreuses et passionnées des hommes fondèrent sous le nom d'éthique prennent 60 de plus en plus clairement, à mesure que la biologie progresse, leur sens véritable, qui est celui d'une révolte contre l'ordre naturel, d'un refus d'obéissance passive aux lois normales de l'évolution et de la survivance.

Mais ce refus est le sel et la noblesse de l'aventure 65 humaine.

Que serait notre pauvre aventure si les hommes rejetaient ce supplément de liberté que leur offre l'essor singulier de leur pensée ? Il est clair, au reste, qu'ils ne le rejettent pas : alors qu'aucun animal ne fait acte apparent de rébellion 70 contre son destin, l'homme, au contraire, exprime sans cesse, par son comportement ou par son langage, la révolte qu'inspire la contradiction entre ce qu'il subit et les libres élans de sa pensée.

Il est possible que cette révolte, quelquefois, se trouve à 75 l'origine des pires excès individuels, ainsi que le suggère le psychologue Erich Fromm à propos de l'agressivité et de la cruauté, qui peuvent être, écrit-il, «une des façons de donner un sens à la vie». Mais, pour la majorité des hommes, le refus prend des formes qu'on peut dire *morales*.

L'Homme et les Hommes, Librairie Flammarion.

ROGER CAILLOIS

Texte sans titre

La chance comme le mérite ne favorise que de rares élus.
La multitude demeure frustrée. Chacun désire être le premier : la justice et le code lui en donnent le droit. Mais chacun sait ou soupçonne qu'il pourrait bien ne pas l'être, pour
⁵ la simple raison qu'il n'y a qu'un premier. Aussi choisit-il
d'être vainqueur par personne interposée, par délégation, qui
est la seule manière que tous triomphent en même temps et
triomphent sans effort ni risque d'échec.

D'où le culte, éminemment caractéristique de la société
¹⁰ moderne, de la vedette et du champion. Ce culte peut passer
à juste titre pour inévitable dans un monde où le sport et le
cinéma tiennent une si grande place. Néanmoins, il est à cet
hommage unanime et spontané un motif moins apparent,
mais non moins persuasif. La vedette et le champion pro-
¹⁵ posent les images fascinantes des seules réussites grandioses
qui peuvent échoir, la chance aidant, au plus obscur et au
plus pauvre. Une dévotion sans égale salue l'apothéose fulgurante de celui qui n'avait rien d'autre pour réussir que ses
ressources personnelles : muscles, voix ou charme, armes
²⁰ naturelles, inaliénables, d'homme sans appui social.

La consécration est rare et, qui plus est, comporte inva-
riablement une part d'imprévisible. Elle n'intervient pas à la
fin d'une carrière aux échelons immuables. Elle récompense
une convergence extraordinaire et mystérieuse, où s'ajoutent
²⁵ et se composent les présents des fées au berceau, une persévérance qu'aucun obstacle n'a découragée et l'ultime
épreuve que constitue l'occasion périlleuse, mais décisive,
rencontrée et saisie sans hésitation. L'idole, d'autre part, a
visiblement triomphé dans une concurrence sournoise,
³⁰ confuse, d'autant plus implacable qu'il faut que le succès
vienne vite. Car ses ressources, que le plus humble peut
avoir reçues en héritage et qui sont la chance précaire du
pauvre, n'ont qu'un temps. La beauté se fane, la voix se
brise, les muscles se rouillent, la souplesse s'ankylose.
³⁵ D'autre part, qui ne songe vaguement à profiter de la possibilité féerique, qui cependant semble prochaine, d'accéder à

140

l'empyrée [1] improbable du luxe et de la gloire ? Qui ne souhaite devenir vedette ou champion ? Mais, parmi cette multitude de rêveurs, combien se découragent dès les premières
40 difficultés ? Combien les abordent ? Combien songent réellement à les affronter un jour ? C'est pourquoi presque tous préfèrent triompher *par procuration* [2], par l'intermédiaire des héros de film et de roman, ou, mieux encore, par l'entremise des personnages réels et fraternels que sont vedettes et
45 champions. Ils se sentent, malgré tout, représentés par la manucure élue Reine de Beauté, par la vendeuse à qui est confié le premier rôle dans une superproduction, par le fils de boutiquier qui gagne le Tour de France, par le garagiste qui revêt l'habit de lumière et devient toréador de très
50 grande classe.

Les jeux et les hommes, Gallimard.

QUESTIONS

1. *Résumez ou analysez ce texte, à votre choix.*
2. *Expliquez les mots ou expressions :* «culte de la vedette»; «l'apothéose fulgurante»; «armes inaliénables».
3. *Êtes-vous d'accord avec Roger Caillois lorsqu'il affirme :* «... Presque tous préfèrent triompher par procuration, par l'intermédiaire des héros de film et de roman, ou, mieux encore, par l'entremise des personnages réels et fraternels que sont vedettes et champions» ?
(Vous répondrez sous la forme d'un développement composé, de trente à cinquante lignes.)

1. Empyrée : lieu de parfait bonheur.
2. Par procuration : en s'en remettant à un autre.

RAYMOND ARON

Texte sans titre

L'usage que chacun fait de son temps libre, en fin de
journée, en fin de semaine, durant les semaines de congé
payé, ne se comprend que par rapport au travail et au mode
d'existence dans la ville. La part faite au sport, au divertisse-
5 ment, à l'information ou à l'enrichissement, à la solitude
ou au groupe, varie selon les métiers, les modes ou les
individus. Choix libre en ce sens qu'aucun règlement ne
l'impose. Non pas nécessairement l'expression d'une
liberté : la personne elle-même se soumet à des interdits et à
10 des obligations qu'elle a inconsciemment intériorisés.

Chaque société a ses jeux et ceux-ci ont le même caractère
d'évidence que les coutumes. Certains sociologues ont
esquissé une typologie des jeux en relation avec la diversité
des types sociaux : la sociabilité industrielle favorise mani-
15 festement les jeux de compétition et de hasard. Des deux
côtés de l'Atlantique, les jeux de la télévision comportent
une combinaison de l'élément d'«agon» et de l'élément
d'«aléa»[1] : la question qui vaut soixante-quatre dollars est
une affaire de chance autant qu'une épreuve intellectuelle.
20 Cette combinaison présente une parenté de style avec les
régimes économiques ou politiques des sociétés modernes :
en théorie, la hiérarchie sociale sanctionne les résultats
d'une compétition équitable, en fait, les concurrents ne
partent pas tous sur la même ligne. La bonne ou la
25 mauvaise chance *ont* déterminé le sort de chacun (aux deux
sens du mot sort).

Le sport, dont l'expansion prodigieuse est un des phénomènes typiques de notre époque, marque le triomphe de
l'esprit de compétition, bien que l'élément de hasard ne
30 disparaisse jamais entièrement. Il réhabilite des qualités qui
n'ont plus guère de prix dans la compétition sociale. La
force, l'adresse, la résistance, éliminées d'abord du travail
(et du combat) aux échelons supérieurs de la hiérarchie, puis
progressivement des échelons moyens ou inférieurs, sont,

1. Agon : combat, compétition.
Aléa : hasard, chance.

³⁵ grâce au sport, réhabilitées, exaltées pour elles-mêmes. Outils, machines se substituent à la main et réduisent l'effort physique, le corps redevient le héros sur les stades autour desquels se pressent les foules. Certains sports n'ont pas dépassé les frontières d'une nation (cricket); d'autres ne
⁴⁰ se pratiquent guère en dehors d'une couche sociale étroite (golf); la plupart des sports, quelle qu'en soit la patrie d'origine, ont fait le tour du monde, adoptés, non pas seulement parce qu'ils venaient de pays prestigieux, mais parce qu'ils faisaient partie intégrante de la civilisation en
⁴⁵ voie de diffusion.

Les fermes à la campagne, les vieilles maisons transformées en résidences secondaires dans les villages français, les «datchas» autour de Moscou, témoignent du même effort spontané de compensation. Prisonnier du milieu artificiel,
⁵⁰ créé par la technique, l'habitant des villes cherche au-dehors la solitude, le contact avec la nature ou les relations sociales moins anonymes, moins faussement personnalisées que dans les usines ou les bureaux. Les caravanes, le campement, partent du même besoin, authentiquement éprouvé,
⁵⁵ quelle que soit la part de l'imitation. Le tourisme, sous toutes ses formes, qu'il comporte un seul déplacement vers une autre résidence ou voyages et visites, signifie une évasion, l'expérience de conditions de vie différentes, parfois la découverte souhaitée d'autres lieux et d'autres gens.

Les Désillusions du progrès, 1967. Calmann-Lévy.

QUESTION

Vous résumerez le texte en 130 mots (une marge de 10 % en plus ou en moins est admise). Vous indiquerez, à la fin de votre résumé, le nombre de mots employés.

JEAN-LOUIS SERVAN-SCHREIBER

L'information de masse

En un siècle, de l'invention du télégraphe en 1840 au
début de la Seconde guerre mondiale, toutes les bases techniques d'une information moderne de masse ont été mises en
place : télégraphe (1840), rotative de journaux (1847), télé-
⁵ phone (1870), T.S.F. (1922), enfin télévision (1930). En
même temps, la chute des royaumes et des empires autori-
taires a mis partout à la mode, sinon en vigueur, la liberté
d'expression. Les conditions matérielles et politiques de l'ex-
plosion de l'information étaient enfin rassemblées et boule-
¹⁰ versaient de ce fait les habitudes de pensée et les comportements. De rare, elle devenait surabondante, de tardive, ins-
tantanée ; de coûteuse, bon marché et souvent gratuite ; de
fausse... moins fausse.

Alors que pendant des siècles l'homme informé a fait
¹⁵ figure de privilégié, l'information n'est plus, pour le citoyen
des pays développés, qu'un produit de consommation qu'il
n'hésite pas à gaspiller. S'il lui paraît encore un peu gênant
de jeter de la nourriture ou de ne pas ouvrir un livre après
l'avoir acheté, il ne sourcille même pas lorsque le poisson-
²⁰ nier enroule ses harengs dans un journal dont personne n'a
lu plus de deux colonnes. Les revues s'empilent sur les tables
des abonnés qui n'ont pas le loisir de les parcourir. Les
radios et les télévisions demeurent fermées, la plupart du
temps, pendant que le torrent de nouvelles qu'elles débitent
²⁵ n'est capté que par des minorités successives d'auditeurs.
Plus qu'un produit, l'information est aujourd'hui considérée,
au même titre que l'eau et l'électricité, comme une ressource
en permanence disponible et à laquelle on n'a accès qu'en
fonction des besoins du moment ou de ses habitudes.

³⁰ Le prix de l'information est, en même temps, devenu dérisoire. Pour la valeur d'une semaine de viande, on reçoit
chaque jour, pendant un an, des dizaines de grandes pages
bourrées d'articles. Quant aux nouvelles diffusées par la
radio et la télévision, elles sont gratuites, une fois que l'on a
³⁵ acheté et payé la redevance d'un appareil conçu avant tout
comme un instrument de loisir.

Devenue financièrement un sous-produit de la publicité,

144

l'information, ainsi à portée de presque toutes les bourses,
est la denrée moderne la plus démocratique puisque c'est la
⁴⁰ *même que s'offre un ministre ou un employé de banque.* Ce
qui diffère entre eux, c'est que l'employé dispose, s'il le veut,
de plus de temps que le ministre pour l'absorber et y réfléchir, mais que celui-ci est généralement mieux préparé pour
en tirer des conclusions et s'en servir (c'est du moins ce que
⁴⁵ croit encore l'employé).

Mais de tous les progrès, le plus essentiel et le plus
inachevé réside dans la qualité. L'habitude d'écrire et d'enregistrer, la recherche du fait, sa description, sa vérification, la
naissance de véritables métiers de l'information ont accru en
⁵⁰ même temps sa *fiabilité* et les exigences du public. Il suffit
néanmoins de prêter attention aux nouvelles captées en une
seule journée pour mesurer la portée limitée de ces efforts.
Exagérations, généralisations, simplifications excessives,
omissions, mauvaises interprétations, sans insister sur une
⁵⁵ foule d'erreurs de fait, continuent à déformer les messages
diffusés à profusion. Ces inexactitudes et ces contre-vérités
sont d'autant plus dangereuses que *l'intimidante stature des*
médias laisse les consommateurs de nouvelles supposer que
le contenu est à la hauteur du contenant. Aussi les erreurs
⁶⁰ font-elles plus facilement leur chemin dans des esprits qui
n'ont pas, comme ceux de leurs grands-parents, été formés à
mettre en doute ce qu'on leur disait. Certes, la grande majorité des informations est exacte dans l'ensemble, alors qu'un
siècle auparavant, la grande majorité était à l'inverse erro-
⁶⁵ née. Mais cela ne rend que plus dangereuse la minorité des
nouvelles qui demeure fausse et que les lecteurs même rom-
pus à ce métier n'ont pas le moyen de discriminer des
autres...

Le pouvoir d'informer, R. Laffont.

QUESTIONS

1. *Résumez le texte en 120 mots (maximum).*
2. *Précisez exactement le sens de :* «fiabilité», «intimidante stature des médias».
3. *Dans une réponse composée, commentez la phrase (début du*
4ᵉ paragraphe) : «Devenue financièrement un sous-produit de la
publicité, l'information..., ou un employé de banque.»

ALFRED SAUVY

La fécondation par le papier

Concurrence de régimes [1], voilà la cause politique de l'accélération. Mais quel a été le moyen technique ?

C'est le papier qui se déroule, le papier-monnaie. A la place des ressauts et des secousses d'autrefois, une hausse de
5 prix lente, limitée par des serre-freins que tout le monde maudit, une hausse continue, retenue, entretenue.

Chaque époque réagit avec excès contre les maux de la précédente. De même que les inflations galopantes des années vingt ont créé *l'hystérie monétaire* des années trente,
10 de même cette déflation des années trente a eu pour conséquence un changement profond. Au lieu de sacrifier l'économie à la monnaie, c'est la monnaie qui est aujourd'hui sacrifiée à l'économie, sans susciter, pour le moment, de réaction inverse, parce que les dommages ne sont pas
15 ressentis douloureusement.

Keynes [2] mérite pleinement le titre de prophète, non parce qu'il a vu les choses de façon juste, ses erreurs sont nombreuses. Mais le propre des prophètes n'est pas de voir juste, c'est de frapper leur époque avec la nouveauté attendue.
20 Keynes a vu de façon opportune. Il est arrivé au bon moment, pour fournir, au capitalisme désemparé, un moyen de continuer. Comme on l'a dit, il a « préféré *l'euthanasie des rentiers* à la destruction de l'ordre social ». Vivant dans une économie chargée de *chômeurs récupérables,* il a suggéré de
25 stimuler la demande, sans bien voir les limites du système, sans aucun souci de phénomènes de saturation, ni même sans bien apprécier l'onctuosité du savon répandu sur la pente.

Dès lors, Danaé [3] n'a plus été fécondée par une pluie d'or,

---

1. **Régimes.** Il s'agit des régimes politiques entrés en compétition économique au lendemain de la deuxième guerre mondiale.
2. **Keynes.** Économiste et financier britannique (1883-1946). Sa doctrine fondée sur le plein emploi et l'accroissement du pouvoir d'achat des consommateurs a eu une profonde influence sur les gouvernements des États occidentaux.
3. **Danaé.** Personnage mythologique. Fille d'un roi d'Argos, enfermée dans une tour par son père, Zeus y pénétra sous la forme d'une pluie d'or et la rendit mère de Persée.

30 mais par une pluie de papier. Il répond à tout, ce papier, répare les malfaçons, comble les fissures tout en en créant d'autres, et résout, dans l'immédiat, tous les problèmes, à condition toutefois de rester l'intrus que l'on réprouve, que l'on tolère provisoirement, par des *exorcismes* continus.

35 Jouant parfaitement son rôle de bon toxique, l'inflation a commencé par une phase d'euphorie, tout en créant peu à peu une série de dégradations, dont la plus dangereuse n'est pas l'inévitable accélération, maîtrisée, tant bien que mal, par des freinages maudits par l'opinion de tous bords. Il y a 40 peu d'unanimités, dans la société capitaliste, aussi totales que la poursuite de l'inflation ; en faits, bien entendu, car en intentions chacun est contre. Chacun la maudit tout haut, réprouve l'inondation, à l'exception toutefois des canaux irriguant son propre secteur, tel le don Juan appelant fidèle 45 toute femme ne trahissant ses devoirs qu'avec lui-même.

En résolvant, si l'on peut dire, tous les problèmes par distribution d'un produit sans prix de revient, l'inflation a ajourné toutes les réformes, toutes les adaptations, tout en les rendant bien plus nécessaires, du fait de l'accélération 50 elle-même.

Cette accélération bouscule tout, détruit tout ordre ancien. Le décalage entre deux générations est trois fois plus fort qu'avant. Entre le grand-père et le petit-fils, il y a maintenant plus d'un siècle et demi de décalage.

55 Dans l'économie privée, aucune situation n'est plus assurée ni pour le travail, ni pour le capital, ne parlons pas du rentier. L'industriel, l'artisan risquent de se trouver rapidement désarçonnés par quelque invention technique à Detroit, Moscou ou Tokyo. Des matériels très coûteux sont 60 brusquement frappés de caducité et les hommes de frustration.

Ne pouvant être harmonieuse, comme le souhaitent tant de théoriciens, la croissance rapide entraîne une série de dislocations.

65 Le contraste entre le vieillissement de la population, qui est un tassement, et l'accélération technique, est explosif, le temps de s'adapter faisant désormais défaut. Toujours poussés vers de nouveaux rivages, notre seule préoccupation n'est pas de jeter l'ancre, mais d'éviter les écueils.

Croissance Zéro? Calmann-Lévy.

QUESTIONS

1. *Résumez ce texte en une quinzaine de lignes (150 mots environ) en faisant apparaître clairement la progression de l'analyse (5 points).*

2. *Expliquez les expressions :* hystérie monétaire, euthanasie des rentiers, chômeurs récupérables, exorcisme (4 points).

3. *Comment comprenez-vous la phrase :* «Au lieu de sacrifier l'économie à la monnaie, c'est la monnaie qui est aujourd'hui sacrifiée à l'économie»? (3 points).

4. *L'inflation est un sujet d'actualité. Comment vous la représentez-vous et la ressentez-vous personnellement? Quelles vous paraissent être ses causes? Quels sont, selon vous, ses effets positifs mais aussi ses dangers?*

N.B. *Votre réponse, tout en s'inspirant du texte d'A. Sauvy, devra éviter la paraphrase et se fonder essentiellement sur les observations que vous fournissent votre connaissance ou votre expérience du monde actuel* (8 points).

MICHEL CROZIER

Texte sans titre

(Ce texte est à résumer en 200 mots; écart toléré : ± 10 %.)

Il est fréquent, dit-on, que les généraux se battent en appliquant les principes de la guerre précédente. Ce phénomène n'est pas propre seulement à la guerre. Il est courant qu'une génération affronte inlassablement un problème
⁵ depuis longtemps dépassé, enfonçant à plaisir les portes ouvertes par les générations précédentes. Tel me semble être particulièrement le cas pour les structures d'autorité. Le père noble que Buñuel, parmi tant d'autres, n'en finit pas de bafouer à longueur de films, existe-t-il encore autrement que
¹⁰ dans les fantasmes? Où sont les juges, les professeurs, les contremaîtres, les adjudants, les bourgeois de jadis, sûrs de leur bon droit et capables de commander, d'imposer leur

volonté? Je ne vois plus que des fonctionnaires, des intermédiaires qui s'excusent et se lavent les mains. Où est l'auto-
15 rité? Comme le furet, on sait qu'elle est passée, mais on ne l'a jamais vue.

Les systèmes ne reposent plus sur une ferme autorité hiérarchique. Même si le simple soldat doit toujours, en dernière analyse, se conformer au modèle (beaucoup plus
20 ouvert toutefois) qui lui est imposé, c'est très rarement parce que son adjudant aboie. Et cela fait une différence considérable dans les rapports humains vécus et dans le mode de fonctionnement du système. L'image traditionnelle de la structure hiérarchique, architecture de voûtes et de piliers
25 reposant les uns sur les autres, est devenue en fait totalement inadéquate. Nous sommes beaucoup plus près d'une structure en nid d'abeille, où tout le monde est dépendant de tout le monde et contrôle en même temps tout le monde, où personne ne commande et tout le monde obéit.
30   On me dira que j'exagère : il y a toujours des gens qui prennent des décisions engageant la vie de milliers d'autres. De fait, j'exagère peut-être - parce qu'il faut bien réveiller les discoureurs endormis dans leurs certitudes -, mais pas tellement. Avez-vous observé comment se prennent ces
35 grandes décisions? Connaissez-vous la marge de liberté de ceux qui les prennent? Savez-vous combien souvent elles ne sont que l'inéluctable résultat des pressions irrésistibles exercées par tout le système? Savez-vous quels efforts de diplomatie, quelle capacité de prévision, quel sens du jeu il
40 faut à un dirigeant pour réussir de temps en temps à faire accepter une idée qui lui est chère et à la transformer en décision?

La liberté de choix des individus est liée à l'extraordinaire expansion des échanges et des interactions entre les
45 hommes. Mais, en même temps, elle est la source majeure des tensions qui désintègrent le rapport d'autorité classique. La liberté de choix, quand on y regarde de plus près, entraîne tout naturellement le renversement des termes de la négociation : à partir du moment où le subordonné dispose
50 à son niveau de choix raisonnables, il n'est plus aussi dépendant de son supérieur.

Examinons le rapport qui s'établit alors. Tout supérieur doit tenir compte du fait que la réponse que ses subordonnés donneront à ses ordres conditionnera sa propre
55 réussite dans ses rapports avec ses supérieurs, ses financiers, son environnement. Cela signifie qu'il est, dans une certaine

mesure, dépendant de ses subordonnés. Comme ceux-ci sont en outre moins dépendants de lui parce qu'ils peuvent plus facilement changer d'entreprise, de résidence ou de
60 métier, l'équilibre du rapport est transformé. Certes, les supérieurs ne restent pas sans armes et trouveront des moyens différents d'orienter et de stimuler l'activité de leurs subordonnés. Mais ce sera un tout autre jeu, bien différent de celui dans lequel les chefs, grâce à la solidité de la chaîne
65 hiérarchique, régnaient sur une sorte d'audience captive.

Le phénomène est tout à fait général. Il est souvent plus accentué encore en dehors de l'entreprise, par exemple dans les institutions d'éducation et les Églises. Partout en Occident la liberté de choix des individus s'est accrue de façon
70 extraordinaire, sans que nous en ayons véritablement pris conscience. Obnubilés par le maintien de quelques-unes des barrières traditionnelles, nous ne songeons pas à toutes celles qui ont cédé et aux conséquences qui en ont résulté. Non seulement les hommes et les femmes peuvent choisir
75 leurs métiers, leurs emplois, leurs amis, leurs conjoints sans être restreints par les règles, coutumes et conventions d'autrefois; mais surtout, à l'intérieur de chaque relation, ils sont d'autant plus libres qu'ils ne sont plus liés pour la vie par leur choix de départ, et deviennent naturellement
80 beaucoup plus exigeants. Dès lors qu'il devient possible, sans coût matériel ou affectif trop élevé, de cesser la relation, l'effet de domination est beaucoup moins aisé à maintenir.

Grasset, 1979.

QUESTIONS

Vous indiquerez à la fin de votre copie le nombre de mots que vous aurez employés.
Vous prendrez soin de respecter l'ordre dans lequel les idées sont présentées et de rédiger votre travail dans un français correct.

ALAIN

La loi des hommes

(Ce texte est à résumer en 130 mots au maximum.)

Tout ce mouvement des hommes sur la terre, ces changements des eaux, des bois, des plaines, ces marques de
l'homme partout, ces vestiges étonnants, représentent des
5 jeux, des travaux ou des œuvres. Toutefois, il est clair que le
jeu est ce qui laisse le moins l'empreinte de l'homme sur la
terre, et qu'au contraire l'art laisse des signes puissants, qui
suffisent, et auxquels on ne touche plus, comme les Pyra-
mides. Le travail ne laisse pas de signes à proprement parler,
mais ce sont plutôt des moyens ou instruments, usés
10 continuellement par le travail même, et continuellement
réparés en vue de cette consommation ou destruction qui ne
cesse point et qui entretient notre vie. Il y a quelque chose de
pressant, d'ininterrompu, de suivi dans le travail, qu'on ne
trouve point dans le jeu, ni dans les œuvres de loisir. Et cette
15 sévère loi du travail nous fait sentir une double contrainte.
La nécessité extérieure nous tient. Les choses nous usent,
nous détruisent et même nous conservent sans nous
demander permission et sans le moindre égard. Soleil, pluie,
vent, inondation, donnent perpétuellement assaut. Le blé
20 pousse selon la saison, non selon nos désirs. Ainsi nous cou-
rons toujours, et nous ne cessons jamais d'obéir. Tous les
hommes vont à une tâche, prévue ou non, mais qui n'attend
jamais. Nul ne peut dire, au commencement de la journée,
ce qui sera le plus pressant avant le soir, moisson, ébou-
25 lement, incendie ou cyclone. Mais autre chose encore nous
presse, et gouverne tous nos mouvements, c'est que le jeu
des échanges et de la coopération fait que tout travail
dépend d'un travail, et que l'homme attend l'homme. Faute
de cueillir mes fruits lorsqu'ils sont mûrs, je les perds. Faute
30 de livrer au jour convenu cet habit que j'ai promis, je ne puis
compter sur le pain, sur la viande, sur le charbon qu'on m'a
promis. Telle est donc la double nécessité qui règle tout travail.

L'homme est ainsi tenu de deux manières. Au regard des
35 choses, il est clair que l'intention ne compte pas, ni l'effort,
mais seulement le résultat, et que le travail du lendemain

151

dépend de celui de la veille. La sagesse des proverbes ne tarit
point là-dessus, disant qu'il faut faire chaque chose en son
temps, qu'heureux commencement est la moitié de l'œuvre,
40 qu'on ne bâtit pas sur le sable, et qu'enfin l'on récolte ce que
l'on a semé. Mais j'ai trouvé dans une pensée de Franklin la
plus forte expression de cette nécessité toujours menaçante,
et qui exige un continuel travail : « La faim, dit-il, regarde
par la fenêtre du travailleur, mais elle n'ose pas entrer. »

Les Idées et les Ages, Gallimard.

BLAISE PASCAL

L'expérience et l'autorité

Dans les matières où l'on recherche seulement de savoir
ce que les auteurs ont écrit, comme dans l'histoire, dans la
géographie, dans la jurisprudence, dans les langues, et surtout dans la théologie, et enfin dans toutes celles qui ont
5 pour principe ou le fait simple ou l'institution, divine ou
humaine, il faut nécessairement recourir à leurs livres,
puisque tout ce que l'on en peut savoir y est contenu : d'où il
est évident que l'on peut en avoir connaissance entière, et
qu'il n'est pas possible d'y rien ajouter.
10 S'il s'agit de savoir qui fut le premier roi des Français, en
quel lieu les géographes placent le premier méridien, quels
mots sont usités dans une langue morte, et toutes les choses
de cette nature, quels autres moyens que les livres pourraient
nous y conduire ? et qui pourra rien ajouter de nouveau à ce
15 qu'ils nous en apprennent, puisqu'on ne veut savoir que ce
qu'ils contiennent ? c'est l'autorité seule qui nous en peut
éclaircir. Mais où cette autorité a la principale force, c'est

dans la théologie, parce qu'elle y est inséparable de la vérité, et que nous ne la connaissons que par elle; de sorte que pour
20 donner la certitude entière des matières les plus incompréhensibles à la raison, il suffit de les faire voir dans les livres sacrés (comme pour montrer l'incertitude des choses les plus vraisemblables, il faut seulement faire voir qu'elles n'y sont pas comprises); parce que ses principes sont au-
25 dessus de la nature et de la raison, et que, l'esprit de l'homme étant trop faible pour y arriver par ses propres efforts, il ne peut parvenir à ces hautes intelligences s'il n'y est porté par une force toute-puissante et surnaturelle.
30 Il n'en est pas de même des sujets qui tombent sous le sens ou sous le raisonnement : l'autorité y est inutile; la raison seule a lieu d'en connaître. Elles ont leurs droits séparés : l'une avait tantôt l'avantage; ici l'autre règne à son tour. Mais, comme les sujets de cette sorte sont proportion-
35 nés à la portée de l'esprit, il trouve une liberté tout entière de s'y étendre : sa fécondité inépuisable produit continuellement, et ses inventions peuvent être tout ensemble sans fin et sans interruption.
C'est ainsi que la géométrie, l'arithmétique, la musique, la
40 physique, la médecine, l'architecture, et toutes les sciences qui sont soumises à l'expérience et au raisonnement, doivent être augmentées pour devenir parfaites. Les anciens les ont trouvées seulement ébauchées par ceux qui les ont précédés, et nous les laisserons à ceux qui viendront après nous en état
45 plus accompli que nous ne les avons reçues. Comme leur perfection dépend du temps et de la peine, il est évident qu'encore que notre peine et notre temps nous eussent moins acquis que leurs travaux, séparés des nôtres, tous deux néanmoins, joints ensemble, doivent avoir plus d'effet que chacun
50 en particulier.
L'éclaircissement de cette différence doit nous faire plaindre l'aveuglement de ceux qui apportent la seule autorité pour preuve dans les matières physiques, au lieu du raisonnement ou des expériences, et nous donner l'horreur pour
55 la malice des autres, qui emploient le raisonnement seul dans la théologie, au lieu de l'autorité de l'Écriture et des Pères. Il faut relever le courage de ces gens timides qui n'osent rien inventer en physique, et confondre l'insolence de ces téméraires qui produisent des nouveautés en théologie.
60 Cependant le malheur du siècle est tel, qu'on voit beaucoup d'opinions nouvelles en théologie, inconnues à toute l'antiquité, soutenues avec obstination et reçues avec applau-

dissement ; au lieu que celles qu'on produit dans la physique, quoiqu'en petit nombre, semblent devoir être convaincues de fausseté dès qu'elles choquent tant soit peu les opinions reçues ; comme si le respect qu'on a pour les anciens philosophes était de devoir, et que celui que l'on porte aux plus anciens des Pères était seulement de bienséance...

Extrait d'un *Projet de préface a un Traité du Vide* (vers 1647).

QUESTIONS

1. *Donnez à ce développement un titre et résumez-le en 150 mots environ.*

2. *Discutez, après l'avoir expliquée, la proposition suivante :* «... La géométrie, l'arithmétique, la musique, la physique, la médecine, l'architecture, et toutes les sciences qui sont soumises à l'expérience et au raisonnement, doivent être augmentées pour devenir parfaites.»

PAUL VALÉRY

Poésie et pensée abstraite

(Ce texte est à résumer en 450 mots environ.)

On oppose assez souvent l'idée de Poésie à celle de Pensée, et surtout de «Pensée abstraite». On dit «Poésie et Pensée abstraite» comme on dit le Bien et le Mal, le Vice et la Vertu, le Chaud et le Froid. La plupart croient, sans autre
5 réflexion, que les analyses et le travail de l'intellect, les efforts de volonté et de précision où il engage l'esprit, ne s'accordent pas avec cette naïveté de source, cette surabondance d'expressions, cette grâce et cette fantaisie qui distinguent la poésie, et qui la font reconnaître dès ses premiers

¹⁰ mots. Si l'on trouve de la profondeur chez un poète, cette profondeur semble d'une tout autre nature que celle d'un philosophe ou d'un savant. Certains vont jusqu'à penser que même la méditation sur son art, la rigueur du raisonnement appliquée à la culture des roses, ne peuvent que perdre un ¹⁵ poète, puisque le principal et le plus charmant objet de son désir doit être de communiquer l'impression d'un état naissant (et heureusement naissant) d'émotion créatrice, qui, par la vertu de la surprise et du plaisir, puisse indéfiniment soustraire le poème à toute réflexion critique ultérieure.

²⁰ Il est possible que cette opinion contienne quelque part de vérité, quoique sa simplicité me fasse soupçonner qu'elle est d'origine scolaire. J'ai l'impression que nous avons appris et adopté cette antithèse avant toute réflexion, et que nous la trouvons tout établie en nous, à l'état de contraste verbal, ²⁵ comme si elle représentait une relation nette et réelle entre deux notions bien définies. Il faut avouer que le personnage toujours pressé d'en finir que nous appelons notre esprit a un faible pour les simplifications de ce genre, qui lui donnent toutes les facilités de former quantité de combinaisons et de ³⁰ jugements, de déployer sa logique et de développer ses ressources rhétoriques, de faire, en somme, son métier d'esprit aussi brillamment que possible.

Toutefois ce contraste classique, et comme cristallisé par le langage, m'a toujours paru trop brutal, en même temps ³⁵ que trop commode, pour ne pas m'exciter à examiner de plus près les choses mêmes.

Poésie, Pensée abstraite. Cela est vite dit, et nous croyons aussitôt avoir dit quelque chose de suffisamment clair, et de suffisamment précis pour pouvoir aller de l'avant, sans ⁴⁰ besoin de retour sur nos expériences; pour construire une théorie ou instituer une discussion, dont cette opposition, séduisante par sa simplicité, sera le prétexte, l'argument et la substance. On pourra même bâtir toute une métaphysique - tout au moins une «psychologie» - sur cette base, et se faire ⁴⁵ un système de la vie mentale, de la connaissance, de l'invention et de la production des œuvres de l'esprit, qui devra nécessairement retrouver comme sa conséquence la même dissonance terminologique qui lui a servi de germe...

Quant à moi, j'ai la manie étrange et dangereuse de vouloir, ⁵⁰ en toute matière, commencer par le commencement (c'est-à-dire, par mon commencement individuel), ce qui revient à recommencer, à refaire toute une route, comme si tant d'autres ne l'avaient déjà tracée et parcourue...

Cette route est celle que nous offre ou que nous impose le
⁵⁵ langage. En toute question, et avant tout examen sur le fond,
je regarde au langage, j'ai coutume de procéder à la mode
des chirurgiens qui purifient d'abord leurs mains et pré-
parent leur champ opératoire. C'est ce que j'appelle le net-
toyage de la situation verbale. Pardonnez-moi cette expres-
⁶⁰ sion qui assimile les mots et les formes du discours aux
mains et aux instruments d'un opérateur. Je prétends qu'il
faut prendre garde aux premiers contacts d'un problème
avec notre esprit. Il faut prendre garde aux premiers mots
qui prononcent une question dans notre esprit. Une question
⁶⁵ nouvelle est d'abord à l'état d'enfance en nous ; elle balbu-
tie : elle ne trouve que des termes étrangers, tout chargés de
valeurs et d'associations accidentelles, elle est obligée de les
emprunter. Mais par là elle altère insensiblement notre véritable besoin. Nous renonçons, sans le savoir, à notre pro-
⁷⁰ blème originel, et nous croirons finalement avoir choisi une
opinion toute nôtre, en oubliant que ce choix ne s'est exercé
que sur une collection d'opinions qui est l'œuvre, plus ou
moins aveugle, du reste des hommes et du hasard. Il en est
ainsi des programmes des partis politiques, dont aucun n'est
⁷⁵ (et ne peut être) celui qui répondrait exactement à notre sensibilité et à nos intérêts. Si nous en choisissons un, nous
devenons peu à peu l'homme qu'il faut à ce programme et à
ce parti.

Les questions de philosophie et d'esthétique sont si
⁸⁰ richement obscurcies par la quantité, la diversité, l'antiquité
des recherches, des disputes, des solutions qui se sont pro-
duites dans l'enceinte d'un vocabulaire très restreint, dont
chaque auteur exploite les mots selon ses tendances, que
l'ensemble de ces travaux me donne l'impression d'un quar-
⁸⁵ tier, spécialement réservé à de profonds esprits, dans les
Enfers ·des anciens. Il y a là des Danaïdes, des Ixions, des
Sisyphes qui travaillent éternellement à remplir des ton-
neaux sans fond, à remonter la roche croulante, c'est-à-dire
à redéfinir la même douzaine de mots dont les combinaisons
⁹⁰ constituent le trésor de la Connaissance Spéculative.

Permettez-moi d'ajouter une dernière remarque et une
image à ces considérations préliminaires. Voici la remarque : vous avez certainement observé ce fait curieux, que tel
mot, qui est parfaitement clair quand vous l'entendez ou
⁹⁵ l'employez dans le langage courant, et qui ne donne lieu à
aucune difficulté quand il est engagé dans le train rapide
d'une phrase ordinaire, devient magiquement embarrassant,

introduit une resistance étrange, déjoue tous les efforts de définition aussitôt que vous le retirez de la circulation pour 100 l'examiner à part, et que vous lui cherchez un sens après l'avoir soustrait à sa fonction momentanée? Il est presque comique de se demander ce que signifie au juste le terme que l'on utilise à chaque instant avec pleine satisfaction. Par exemple : je saisis au vol le mot Temps. Ce mot était abso- 105 lument limpide, précis, honnête et fidèle dans son service, tant qu'il jouait sa partie dans un propos, et qu'il était pro- noncé par quelqu'un qui voulait dire quelque chose. Mais le voici tout seul, pris par les ailes. Il se venge. Il nous fait croire qu'il a plus de sens qu'il n'a de fonctions. Il n'était 110 qu'un moyen, et le voici devenu fin, devenu objet d'un af- freux désir philosophique. Il se change en énigme, en abîme, en tourment de la pensée...

Il en est de même du mot Vie, et de tous les autres.

Ce phénomène facilement observable a pris pour moi une 115 grande valeur critique. J'en ai fait d'ailleurs une image qui me représente assez bien cette étrange condition de notre matériel verbal.

Chaque mot, chacun des mots qui nous permettent de franchir si rapidement l'espace d'une pensée, et de suivre 120 l'impulsion de l'idée qui se construit elle-même son expres- sion, me semble une de ces planches légères que l'on jette sur un fossé, ou sur une crevasse de montagne, et qui supportent le passage de l'homme en vif mouvement. Mais qu'il passe sans peser, qu'il passe sans s'arrêter - et surtout, qu'il ne 125 s'amuse pas à danser sur la mince planche pour éprouver sa résistance !... Le pont fragile aussitôt bascule ou se rompt, et tout s'en va dans les profondeurs. Consultez votre expé- rience; et vous trouverez que nous ne comprenons les autres, et que nous ne nous comprenons nous-mêmes, que 130 grâce à la vitesse de notre passage par les mots. Il ne faut point s'appesantir sur eux, sous peine de voir le discours le plus clair se décomposer en énigmes, en illusions plus ou moins savantes.

Mais comment faire pour penser - je veux dire : pour 135 repenser, pour approfondir ce qui semble mériter d'être approfondi - si nous tenons le langage pour essentiellement provisoire, comme est provisoire le billet de banque ou le chèque, dont ce que nous appelons la «valeur» exige l'oubli de leur vraie nature, qui est celle d'un morceau de papier 140 généralement sale? Ce papier a passé par tant de mains... Mais les mots ont passé par tant de bouches, par tant de

phrases, par tant d'usages et d'abus que les précautions les plus exquises s'imposent pour éviter une trop grande confusion dans nos esprits, entre ce que nous pensons et
145 cherchons à penser, et ce que le dictionnaire, les auteurs et, du reste, tout le genre humain, depuis l'origine du langage, veulent que nous pensions.

Je me garderai donc de me fier à ce que ces termes de Poésie et de Pensée abstraite me suggèrent, à peine prononcés. Mais je me tournerai vers moi-même. J'y chercherai mes
150 véritables difficultés et mes observations réelles de mes véritables états, j'y trouverai mon rationnel et mon irrationnel ; je verrai si l'opposition alléguée existe, et comment elle existe à l'état vivant. Je confesse que j'ai coutume de distinguer dans les problèmes de l'esprit ceux que j'aurai inventés
155 et qui expriment un besoin réellement ressenti par ma pensée, et les autres, qui sont les problèmes d'autrui. Parmi ceux-ci, il en est plus d'un (mettons 40 p. 100) qui me semblent ne pas exister, n'être que des apparences de problèmes : je ne les sens pas. Et quant au reste, il en est plus
160 d'un qui me semble mal énoncé... Je ne dis pas que j'aie raison. Je dis que je regarde en moi ce qui se passe quand j'essaie de remplacer les formules verbales par des valeurs et des significations non verbales, qui soient indépendantes du
165 langage adopté. J'y trouve des impulsions et des images naïves, des produits bruts de mes besoins et de mes expériences personnelles. C'est ma vie même qui s'étonne, et c'est elle qui me doit fournir, si elle le peut, mes réponses, car ce n'est que dans les réactions de notre vie que peut
170 résider toute la force, et comme la nécessité de notre vérité. La pensée qui émane de cette vie ne se sert jamais avec elle-même de certains mots, qui ne lui paraissent bons que pour l'usage extérieur ; ni de certains autres, dont elle ne voit pas le fond, et qui ne peuvent que la tromper sur sa puissance et
175 sa valeur réelles.

J'ai donc observé en moi-même tels états que je puis bien appeler *poétiques* puisque quelques-uns d'entre eux se sont finalement achevés en poèmes. Ils se sont produits sans cause apparente, à partir d'un accident quelconque ; ils se
180 sont développés selon leur nature, et par là, je me suis trouvé écarté pendant quelque temps de mon régime mental le plus fréquent. Puis, je suis revenu à ce régime d'échanges ordinaires entre ma vie et mes pensées, mon cycle étant achevé. Mais il était arrivé qu'un poème avait été fait, et que le
185 cycle, dans son accomplissement, laissait quelque chose

apres soi. Ce cycle fermé est le cycle d'un acte qui a comme soulevé et restitué extérieurement une puissance de poésie...

J'ai observé d'autres fois qu'un incident non moins insignifiant causait - ou semblait causer - une excursion 190 toute différente, un écart de nature et de résultat tout autre. Par exemple, un rapprochement brusque d'idées, une analogie me saisissait, comme un appel de cor au sein d'une forêt fait dresser l'oreille, et oriente virtuellement tous nos muscles qui se sentent coordonnés vers quelque point de 195 l'espace et de la profondeur des feuillages. Mais, cette fois, au lieu d'un poème, c'était une analyse de cette sensation intellectuelle subite qui s'emparait de moi. Ce n'étaient point des vers qui se détachaient plus ou moins facilement de ma durée dans cette phase; mais quelque proposition qui se des- 200 tinait à s'incorporer à mes habitudes de pensée, quelque for- mule qui devait désormais servir d'instrument à des recherches ultérieures...

Je m'excuse de m'exposer ainsi devant vous; mais j'es- time qu'il est plus utile de raconter ce que l'on a éprouvé, 205 que de simuler une connaissance indépendante de toute per- sonne et une observation sans observateur. En vérité, il n'est pas de théorie qui ne soit un fragment, soigneusement prépa- ré, de quelque autobiographie.

Ma prétention ici n'est pas de vous apprendre quoi que ce 210 soit. Je ne vous dirai rien que vous ne sachiez; mais je vous le dirai peut-être dans un autre ordre...

Variété V, Gallimard.

Bussière à Saint-Amand, France.
Dépôt légal : avril 2006. N° d'édit. : 17330. N° d'imp. : 061424/1.